讲话 其实可以套公式

端木自在◎著

让你的表达清晰而有逻辑

黑龙江教育出版社

图书在版编目（CIP）数据

讲话其实可以套公式 / 端木自在著. -- 哈尔滨：黑龙江教育出版社, 2017.4
（读美文库）
ISBN 978-7-5316-9213-3

Ⅰ. ①讲… Ⅱ. ①端… Ⅲ. ①语言艺术—通俗读物
Ⅳ. ①H019-49

中国版本图书馆CIP数据核字（2017）第119291号

讲话其实可以套公式
Jianghua Qishi Keyi Tao Gongshi
端木自在 著

责任编辑 李中苏
封面设计 久品轩
责任校对 苏凤云
出版发行 黑龙江教育出版社
（哈尔滨市南岗区花园街158号）
印 刷 保定市西城胶印有限公司
开 本 880毫米 × 1230毫米 1/32
印 张 7
字 数 140千
版 次 2017年8月第1版
印 次 2017年8月第1次印刷

书 号 ISBN 978-7-5316-9213-3 定 价 26.80元

黑龙江教育出版社网址：www.hljep.com.cn
如需订购图书，请与我社发行中心联系。联系电话：0451-82533097 82534665
如有印装质量问题，影响阅读，请与我公司联系调换。联系电话：010-64926437
如发现盗版图书，请向我社举报。举报电话：0451-82533087

前言 Preface

苏格拉底说："世间有一种能力可以使人很快完成伟业，并获得世人的认识，那就是令人喜悦的讲话能力。"

事实上，一个人语言表达能力的强弱，是关乎其成功与否的至关重要的因素。到了现代社会，人们越来越注重对自身语言表达能力的培养和训练。

人际关系学家戴尔·卡耐基说："一个人的成功，15%靠技术知识，85%靠口才艺术。"

良好的语言表达能力，不仅可以助人获得成功，还能给人带来幸福。

在生活中，我们靠说话维系亲情、建立友情、追求爱情，生活因此而变得丰富精彩，人生也由此而更加意味无穷；在事业上，我们用说话来强化和维护各种关系，扩大自己的工作领域，提升工作能力和办事效率，使工作变得轻松愉快，并有广阔的发展空间；在个人成长中，我们以说话获取知识、增加个人魅力，不断壮大自己，不断追寻或提升人生目标，塑造个体的理想形象。

会讲话的人，总能如鱼得水、左右逢源。不同的人，具备不同的说话能力，就会产生不同的效果，久而久之，这种效果由量变到质变，人生的命运也就随之改变。因此，有位口才专家曾经大胆断言道："语言是人生命运的纽带。"

事实上，在我们与人交往聊天或办理事务时，说话的分寸、时机、措辞等掌控得稍有不当，便会引起不必要的麻烦，不仅使自己蒙受损失，也给别人造成困扰。而要摆脱这种困扰，唯一的途径就是进行有效的口才学习和语言训练。这正如体育运动一样，提高的方法很多，但没有具体正规的指点，很难取得优秀的成绩。同样，一个人要想讲好话，若不通过正规的学习和训练，又没有具体的指点或启发，很难突破自己，很难顺利攻克说话的障碍，实现理想的说话境地。

很多人在语言表达上不得要领，关键是没有掌握说话的要义。其实，讲话很简单，只要按照固定的模式，经过刻意的训练，谁都可以拥有好口才。

鉴于此，本书化繁为简，另辟蹊径，教你讲话不冷场、不尴尬、不糊涂、不生气、不强制、不死板、不鲁莽、不伤人的八大公式；每一章末尾均附有实战指南，比如：如何“圆场”“拒绝”“交谈”“说服”“应变”等，让你在极简的讲话公式中得到全方位的语言训练。

8种讲话公式，8类实战指南，48个说话技巧，让羞涩的你不再惧怕说话，让木讷的你口吐莲花。

目录
Contents

第三章 讲话不糊涂的公式：灵活办事

灵活讲话 + 清楚办事 = 不糊涂

第四章 讲话不生气的公式：和气讲理

和气讲话 + 客气讲理 = 不生气

第五章 讲话不强制的公式：轻松说服

态度亲和 + 情感说服 = 不强制

第八章 讲话不伤人的公式：巧妙批评

巧妙批评 + 照顾面子 = 不伤人

第一章

讲话不冷场的公式：及时救场

巧妙讲话 + 及时救场 = 不冷场

人们在交谈时通常是由一人引起话题，大家围绕这一话题各抒己见，然后很自然地转向下一个话题。如果所谈的话题大家都感兴趣，交谈便能很顺畅地进行。反之，就会出现冷场的局面。冷场一般包括会议冷场、谈判陷入僵局的冷场、交谈戛然而止的冷场等。因此，具备一定的语言应变能力，及时地救场，在交谈中就显得尤为必要。

沉着冷静，恰当处理冷场

冷场分为两种情况：一种是单向交流中，听者毫无兴趣；另一种是双向交流中，听者毫无反应。

冷场的根本原因在于发言者的话没有吸引力。冷场的出现，是发言者的失败，因为它不能达到彼此沟通交流的目的。发言者要发言，必须实施控制，避免冷场的发生。

控制的办法是：

发言简短单向交流中那种应景式讲话，越短越好。如华达商场举行开业仪式，邀请了市内各方面的人士参加。总经理只说了两句话：“女士们，先生们：热忱欢迎各位光临！现在我宣布：华达商场正式开业！”

双向交流中，任何一方都不要滔滔不绝地包场，要有意识地给对方留下发言的时间和机会。如果当众讲话时遭遇冷场，可通过暂时变换话题的办法吸引听众的注意力。目的达到后，仍要回到原有话题的轨道。比如教师在讲课过程中发现学生精力分散，东张西望、打瞌睡、窃窃私语、在桌上乱画，可以暂停讲授，穿插几句应景、诙谐的话；或者简短地讲个与教学相关的掌故、趣闻，学生的精力便会一下集中起来。

中止交谈是任何发言者都不愿碰到的冷场。但若这种情况出现后，自己也采取了诸如简短发言、变换话题、加强语气等控制手段，却仍然不能扭转冷场的局面，那就应中止交谈。长时间的冷场对交流双方都是残忍且浪费时间的。

另外还有一种在说话时时常出现的情况就是搅场，即恶意破坏现场秩序，使发言者不停被打断，甚至被迫终止。这种情况主要出现在单向交流中。如上课、做报告、大会发言等场合，听众开小会、随意进出、喧哗、喝倒彩、吹口哨等。

搅场出现的原因有三种：一是听者本就对发言者有成见，是反对派。之所以来听，就是想来钻空子、找岔子，不管你怎么说，他都要搅。二是发言者思想、学术、业务等水平不高，听者觉得言之无物，听下去纯粹是浪费时间。三是讲话内容听者不感兴趣。

作为发言人，对搅场的出现只能自己去控制。那种依靠与听者有利害关系的他人出面干预、压制，或者自己愤而退场之举，都不是最终解决问题的办法。那样做，产生的负面效果可能会更差。因此，发言者必须正视搅场，主动实施控制。

控制搅场的办法要区分不同原因。

对第一种原因的搅场：坚定信心、置若罔闻。

1860年2月，林肯第一次竞选美国总统，在纽约库钥学会做演讲。他到纽约时，当地报纸已发表了许多攻击他的文章。在他登台时，还未开口，台下便掀起一片嘲笑起哄的声浪。演讲开始不久，台下已十分混乱，一些共和党人高声叫嚷要他滚下台去。但林肯全然不为所动，十分镇静地按事先准备的讲下去。渐渐地，会场安静下来，除了林肯的声音，只有煤气灯的燃烧声，听众都听得入迷了。第二天，报纸又纷纷发表了赞扬林肯演讲异常成功的文章。

对第二种原因的搅场：谦虚谨慎，自剖自责。

1986年菲律宾大选，竞选者科·阿基诺夫人曾被人指责为啥也不懂的家庭主妇。她上台发表竞选演说，不少人以这种眼光看待她。反对派则公开叫嚷说她只配围着锅台转，要她回去烧饭菜。她一开口便说："我只是一个家庭主妇，对政治和经济都不甚了解，也没有经验。"这诚恳、真挚的大实话使听众一下静了下来。接着她又说："对于政治，我虽然外行，但作为围着锅台转的家庭主妇，我精通日常经济！"听众旋即爆发出热烈的欢呼。

对第三种原因的搅场：幽默风趣，生动活泼。

某厂宣传部部长按厂的宣传工作计划，到一分厂宣传时事政策。分厂一些工人正为下岗问题忧虑。但在这节骨眼儿上又不敢不来听。

当分厂厂长讲了部长要宣讲的时事政策内容后，台下一下炸开了锅，吵吵嚷嚷，不可开交。

部长扯开喉咙大喊道："报告大家一个好消息。"台下顿时静了下来。部长故意停了一下才说："我爱人下——岗——了！"台下先是一愣，随即响起一片热烈的掌声。接着部长就从自己爱人如何主动要求下岗讲起，将夫妻的对话、儿女反对的言辞惟妙惟肖地描述一番。待听众情绪完全调动起来后，才简要讲了讲为什么要下岗、当前下岗的形势等问题。事后，大家都说部长真会讲话。

委婉周旋，化干戈为玉帛

委婉是一种既温和婉转又能清晰明确地表达思想的谈话艺术，是运用迂回曲折的语言含蓄地表达本意的方法。说话者特意说些与本意相关的话语，以表达本来要直说的意思。这是语言交际中的一种缓冲方法，它能使本来也许困难的交往，变得顺利起来，更能化干戈为玉帛。

委婉的显著特点是“言在此而意在彼”，能够诱导对方去领会你的话，去寻找那言外之意。从心理学的角度来看，委婉含蓄的话，不论是提出自己的看法还是劝说对方，都能比较适应对方心理上的自尊感，容易使对方赞同、接受你的说法。有些话，意思差不多，说法稍有不同，给人感觉却大不一样，如：谁——哪一位；不来——对不起，不能来；不能干——对不起，我不能做；什么事——请问你有什么事；如果不行就算了——如果觉得有困难的话，那就不麻烦你了……前者太直白，后者委婉动听了许多，让人容易接受。

林肯一直以具有视觉效果的词句来说话，当他对每天送到白宫办公桌上那些冗长、复杂的官式报告感到厌倦时，他提出了反对意见，但他不会以那种平淡的词句来表示反对，而是以一种几乎不可能被人遗忘的图画式字句表达。“当我派一个人出去买马时，”他说，“我并不希望这个人告诉我这匹马的尾巴有多少根毛。我只希望知道它的特点何在。”

委婉含蓄的表达方法有以下几种：赞扬法，目的是顾全对方的面子，使对方容易下台；暗示法，很难说出口的话可以采用这种方法；模糊法，只可意会不可言传。

原则，是一条待人接物的轨道；但是墨守原则，这条轨道便会成为碍手碍脚的束缚，不但窄化了你的视野，而且局限了你的人生。做人的最高原则，应该是“可以随时改变你的原则”。

清代乾隆称帝之时，大才子纪晓岚颇得皇上赏识。

有一天，乾隆皇帝宴请大臣。大臣们吃得十分开心，饮得也非常畅快。这时，这位爱卖弄学问的乾隆皇帝又诗兴大发了，他出了上联：“玉帝行兵，风刀雨箭云旗雷鼓天为阵。”

乾隆皇帝要求百官对下联，结果对不上来。乾隆皇帝这下更来兴致了，竟然没人能对得上。他想显示自己的才华，于是，便点名要纪晓岚答对，想让这位大才子在众多大臣面前出丑。

然而，使乾隆皇帝出乎意料的是纪晓岚却把下联对上来了：“龙王设宴，日灯月烛山肴海酒地当盘。”

话音未落，群臣们都已相继发出赞叹不已的声音，似乎是纪晓岚为他们解了围、出了气似的。

乾隆皇帝听后，却不怎么高兴了。他面有怒色，半日沉吟不语，大家颇为纳闷。

鉴此，纪晓岚知道是自己得罪了皇上，便紧接着又说："圣上为天子，所以风、雨、云、雷都归你调遣，威震天下；小臣们都是酒囊饭袋，因此希望连日、月、山、海都能在酒席之中。可见，圣上是好大神威，而小臣只不过是好大肚皮而已。"

乾隆皇帝一听，便立即露出了笑脸，连忙表扬纪晓岚，并说："尽管饭量甚好，但若无胸藏万卷之书，又哪有这么大的肚皮。"

乾隆出的上联显示出了一代帝王的豪迈气概，不料纪晓岚下联一出，十分工整，显示不出乾隆上联的才气。乾隆一听，自然感到有些不愉快，幸好纪晓岚能够及时地发现并及时地为自己开脱，有意识地抬高乾隆皇帝，贬低自己。自然，君臣一唱一和，大家都高兴。

一个人具备了好口才的能力，便能在关键时刻一语惊人，化干戈为玉帛。就像纪晓岚一样，当乾隆不高兴时说了一句解围的话，这才真正显示出一个人是否会说话。

《论语》有曰："深则厉，浅则揭。"（引自《诗经》）意思是当人们穿着衣服过河时，若是遇到水浅的时候，可以把衣服拉高了涉水过去，但是万一水太深了，怎么样都无法避免弄湿，你又何必多此一举地把衣服拉高呢？

连孔子这样的至圣先师都赞同依照不同情况调整为人处世的方法，我们身为凡夫俗子，又岂能那么不知变通？

每个人都有自己的原则，都有自己的习惯，但是当情况改变了，你若不能跟着改变，你就会被淘汰。

固守原则，未必是件坏事，但是不知变通，你的路便会越走越窄，只有纵观全局的人，才能进退得宜，随时掌控话语的主动权，应付各种突发局面。

灵活处理，打破会议冷场

作为一名领导者，不可避免地要参加各种会议。而多数领导都会担当会议主持人的角色。那么作为一名会议主持人，灵活处理各种会议局面应是其必备的本领。

会议主持者尽管事先对会议进行了认真的准备，但在会议进行中往往还会出现一些意想不到的局面和情况。对这些情况，主持者要沉着冷静，靠自己的应变能力恰当地加以处理。

1. 开局冷场的局面

在讨论中遇到无人发言或无任何反应，陷入冷场时，主持人应分清原因，分别采取相应的对策措施。

一是与会者无思想准备，一时难以发言。特别是事先没有打招呼，临时召开的会议容易出现冷场。这时会议主持者可以鼓励大家先谈不成熟意见，在讨论中再补充完善，也可以让大家先做短暂的准备，然后发言。

二是与会者对所讨论的议题不理解、不明白而感到无从开口。会议主持者应详细、明确地交代议题，对与会者进行耐心启发。

三是会议议题直接涉及与会者多数人的利益，因有顾虑而造成的冷场。会议主持者应先启发与其利益关系不太大的，或者是大家公认比较正直、公道的人发言，然后再逐步深入。只要有人开了头，冷场就会变成热场。

四是会议议题有一定的难度和复杂性，一时不易提出明确意见而出现冷场。这时会议主持者可以由浅入深，启发大家开动脑筋，逐步接触问题的实质，也可以选择分析能力强、比较敏锐的人员率先发言，打开突破口再引导大家讨论发言。

2. 气氛沉闷的局面

会议中经常会出现沉闷的现象，这很正常。但是作为主持者，如果让会议陷入沉默那就是失败的。当一部分人在会议上沉默时，主持者应当思索沉默的原因，有针对性地采取对策。会议中的沉默通常有以下几种情况：

（1）害羞、胆小的沉默。

有些人胆小，不敢在众人面前讲话时。这种情况，你就要帮助他们克服发言时的不安心理，想办法打消这些人的顾虑，支持他们发言。有的人怕讲不好，被人讥笑，既想讲又不敢讲，会议主持者要寻找机会鼓励他发言，表示出对他的发言很感兴趣，促使他大胆发言。

（2）清高的沉默。

与会人员清高闭守、不肯多言而保持沉默，这一类人往往是阅历较深，比较严谨，有自己的见解。他们一方面想表现自己，另一方面又摆出一副清高不凡的样子。对这类人，主持者应该多给他们一些鼓励和尊重，让他们感觉到自己的意见很重要。

（3）无所谓的沉默。

当会议议题与部分人关系不大时，有人会认为议题与己无关，抱无所谓的态度而不愿开动脑筋。会议主持者应采取恰当的方法把他们引导到会议议题上来，促使其思考问题。

（4）对立的沉默。

这类人要么是对议题有不同意见不想说，要么是对主持者有意见不愿说，就会采取不予理睬的态度。主持者应从团结的愿望出发，主动、热情地引导他们发言，以亲切的感情和语气使他们改变态度，并对他们的发言持重视态度，鼓励他们讲出自己的真实看法，对不正确的意见也不要介意。

（5）离题万里的局面。

开会时经常出现离题的现象，甚至最出色的主持者也要想尽办法制止。这种现象出现过多的时候，会议就会偏离轨道，进程很慢。作为主持者，你的职责是善于把会议引上正轨。离题时不可强扭，也不能不扭。强扭会挫伤积极性，不扭就可能开成无效会议。你可以采用下面这几种方法：

· 接过讨论的某句话，顺势巧妙自然地引回到正题上来。

· 联系议论的某一层意思，提出新的话题引入到正题中。

· 用一句风趣的话截住议论而引入正题。

对待离题现象的处理绝对不能简单粗暴，而应尽可能采用不影响情绪和气氛的方式，用礼貌的形式提醒发言者，把注意力集中到主要议题上来。

（6）窃窃私语的局面。

当一个人开始与周围的人交谈干扰了会议，你该怎么办？最好的办法是尽可能不理睬他。

如果交谈达到必须加以制止时，你可以通过直接提问来试着打断交谈者。或者你也可以停止发言，等着他们安静下来。如果这也不管用，你可以对他们说："如果你们有什么要说的，请大声说出来，好让每个人都能从你们的讨论中获益。"

还有，如果你想制止他们，就请他们总结一下最后几个建议，并估计其可行性。他们在脑子里对这些或许不大清楚，说出来，他们就会注意了。

引导谈话，化解交谈冷场

日常交谈中，经常发生这样的情况：说着说着就没了话。有的人明明心里有好多想说的，却不知如何表达。这时候，善于寻找话题，适当地引导对方谈话，就成了沟通是否继续的关键。

与你刚认识的人在一起谈话或与人谈论你不认识的人，最好的办法是从一个话题到另一个话题地试着说，如果某个题目不行，再试下一个。或者轮到你讲话时可讲述你曾经做过的事情或想过的事情，计划旅行或其他已经谈过的话题。不要对片刻的沉默慌张，让它过去即可。谈话不是竞赛，不是像跑步一样拼命地冲到终点。

当你发现在聚会上坐在您身边的是个陌生人时，在开始“钓鱼”之前最好先介绍一下自己，然后以各种各样的方式开始交谈。如果你是个很腼腆的人，在参加聚会之前就可在脑子里先想好话题。如果有人已经告诉你一些关于他的消息，你可以说：“我知道你的球队在上星期的决赛中获胜了，一定很精彩。”如果你对他一点都不了解，可以说：“你是本地人，还是外地人？”诸如此类，从他的回答中你可以开始话题。可以问他住在哪、从事什么职业等。非常简单，要注意给他说话的机会。

另一个重要的（也是立竿见影的）开场白是征求建议。问他任何方面的观点都是稳妥的：政治、体育、股市、时尚和当地新闻都可以，但不能是已经问过的或将引起争论的话题。

上面介绍的两个与陌生人开始谈话的办法，都是在讲不要避开话题，学会主动引导陌生人。只有一方适度地主动才能让交流继续下去，当然如果你是一个腼腆的人，就要勇敢些，或许你开启了一扇大门，迎接你的就是一片好景色，你要做的也仅是开启一扇门而已。

在交谈中，除了吸引对方的兴趣之外，还有一个任务，就是引导对方加入交谈之中。

你必须注意：自己是否挫伤了对方的自信？是否给对方留有发表他们见解的机会，而不是拒之于谈话之外。

更重要的是你能否对他们的话表现出关注，而不是只顾及自己感兴趣的。

交谈就像传接球，永远不是单向的传递。如果其中有人没有接球，就会出现一阵难堪的沉默，直到有人再次把球捡起来，继续传递，一切才能恢复正常。

一些年轻人常常诉说，他们在约会的时候总是不能保证交谈生动有趣。其实这本来是一个非常易于掌握的技巧问题。问一些需要回答的话，这样谈话就能持续不断。

但是，如果你只问："天气挺好的，是吧？"这样一类话，对方用一句话就可以回答了："是啊，天气真不错！"

有一回，美国作家马克·吐温一天之内听了12遍完全相同的问题，“天气真好，是不是？”马克·吐温只好回答：“是啊，我已经听别人把天气夸到家了。”

“天气真好，是不是？”这也许是一个会产生僵局的提问。但回答却不一定都会导致僵局。不管怎么说，大家还是关心天气的，要不然电视台的新闻节目也不会花上好几分钟来播放天气预报，而且还要用图表来说明了。如果感觉到很难让你的谈话对象开口畅谈，你不妨用下列问句来引导他们：

“为什么……”

“你认为怎样才能……”

“按你的想法应该是……”

“你怎么正好是……”

“你如何解释……”

“你能不能举个例子”

用“如何”“什么”“为什么”“怎样”这几个问题是提问的法宝。

当然，如果回答还是个僵局，那就和提问是僵局一样，交谈仍然无法进一步展开。你必须尽一切努力把球保持在传递中，而不是使它停在某一点。

据说，有一次，国画大师张大千的弟子为其举办饯行酒宴，社会各界名流均应邀出席。大千先生为人一向孤傲。大家入席坐定，不免有点拘谨，宴会开始后只见大千先生举杯来到京剧大师梅兰芳先生面前：“梅先生，您是君子，我是小人，我先敬您一杯！”众宾客听罢一惊，梅先生也不解其意：“此话怎讲？”只见大千先生笑答：“您唱戏，动口，您是君子；我画画，动手，我是小人嘛！”于是满堂宾客大笑不止，梅先生也乐不可支，举杯一饮而尽，宴会气氛十分热烈。

大千先生一扫平日之孤傲，以幽默的话语风格达到了当众讲话的目的——巧妙地调节谈话的氛围，缓和了冷场局面，显出大师技高一筹的说话水平。

运用策略，扭转谈判僵局

生活中人与人间的交往最怕的就是尴尬的场面发生。口才好的人能瞬间化解尴尬，使场面的气氛活跃起来。而最容易陷入僵局的情形多发生在谈判时。

我们都知道，谈判是利益的角逐，不可能一帆风顺，陷入僵局时，要善于扭转局势，使谈判峰回路转，柳暗花明。例如：

苏联与北欧N国就购买鲱鲱鱼进行了马拉松式的持久谈判。N国开价高得惊人，尽管双方僵持激烈，但N国不在乎僵局，因为苏联人要吃鲜鱼，货主非N国莫属。为了打破僵局，苏联政府派出女强人柯伦泰，她是著名的女大使，又是一位杰出的谈判高手，结果她也在谈判中拖不起，让不起。为了谈判成功，这位女强人采取幽默法，以退为攻，她说："好吧，我同意贵方的报价，如果我的政府不同意这个高价，我愿意用我自己的工资来支付，但是，请允许我分期付款，可能要我支付一辈子。"N国人从未碰到这样的谈判对手，堂堂的男士能把女士逼到这步田地吗？对方在忍不住一笑之际，终于一致同意把鲱鲱鱼价格降下来，柯伦泰终于解决了前任谈判者未能解决的难题。

广东玻璃厂在与美国欧文斯玻璃公司谈判引进设备过程中，

在全部引进还是部分引进的问题上僵住了。为了缓和气氛，广东代表施展了一系列扭转策略后说：

“你们欧文斯的技术、设备和工程师都是世界一流的。用一流的技术、设备与我们合作，我们就能够成为全国第一；这不单对我们有利，而且对你们更有利！（分析：首先给予很高评价，然后，指出你我已为一体，荣辱共存。对方感到说得很实在，这些观点可以接受，并以极大的兴趣继续倾听）我们厂的外汇的确很有限，不能买太多的东西，所以国内能生产的就不打算进口了。（分析：然后运用“将心比心”这一古老的心理战术，希望对方能接受“但是”后面所包含的内容。当他们观察到对方已同意了他们的观点时，为了巩固“战果”，再进一步运用了“激将法”。）现在，你们知道，法国、比利时和日本都在跟我们北方的厂家搞合作，如果你们不尽快跟我们达成协议，不投入最先进的设备、技术，那么你们就要失掉中国市场，人家也会笑话你欧文斯公司无能力！”（分析：这样一来，濒临僵局的谈判气氛立刻缓解，最后，双方达成了协议。）

总之，打破僵局需要运用一定的策略。用策略去打破僵局，不但有利于谈判的顺利进行，而且还可能取得谈判的主动权，为取得有利的谈判成果夺得先机，更会避免尴尬的局面出现。一般认为，在谈判中出现僵局时，可采取以下策略：

（1）首先要头脑冷静，切不可言语冲动，刺激对方。“良言一句三冬暖，恶语伤人六月寒”，言辞尖刻会形成感情对立，对打破僵局极为不利。

（2）更换谈判团成员。让可能刺激对手的成员离开。非常有经验的谈判家不会触怒对方而被要求离开，因为他可能要在换人策略中扮演很重要的角色。现在是减轻对方压力的时候了，可以让这些人从你的团队里离开，做出让步。

（3）用不同的方法重新解释问题；提供新的理由、新的信息以探讨更广泛的问题；找到一个桥梁，使需求部分达成某些方面的一致。

（4）谈论一些轻松的话题，或者讲一则娱乐新闻，或者讲一个有趣的故事，以此来缓解紧张气氛。

（5）审查过去或将来的需求，一同揣摩达不成协议的后果，然后制订补救方案。

（6）由双方人员建立一个特别工作组，有针对性地解决问题。

（7）提出有附加条件的建议，使双方都有妥协的理由，进而使谈判顺利进行。

（8）采取暂时休会的方式使双方冷静头脑，整理思路，寻求解决策略。对乙方来说，在休会前最好对自己的方案再进行一次详尽的解释，提请对方在休会时进一步考虑。

（9）试着改变谈判室的气氛。如果谈判中关于双赢的重点已陷入低调，试着将它变得更具竞争性。如果谈判已很难控制，试着打开更多的双赢通道。

（10）对双方已谈成的议题进行回顾总结，消除僵局造成的沮丧情绪。或者先谈双方较易达成一致的议题，待双方都有一定满足感后再谈僵局中的问题。比如，可以鼓励对方："看，我们已经解决了许多问题，现在就剩这些了，如果不一起解决的话，那不就太可惜了吗？"

实战指南：圆场六法

打圆场，是指交际双方因为某种原因产生误解、不快、尴尬或即将引发不必要的争端时，第三者及时出面，把事情向好的、有利的方面推进。

在交际活动中，常有尴尬或僵持场面的出现，这个时候如果没有人站出来打圆场，那么就很可能引起不快，甚至影响到彼此的关系和友情。由此可见，在交际中把握对方的心理，审时度势，然后凭借恰到好处的解说来化解尴尬与僵局，确实是一项值得重视的能力。要想成功地打圆场，可以从以下几个方面着手：

一、制造幽默的气氛

在现实生活中，过于严肃和枯燥的东西往往不易被人接受，交际场合中也是如此。如果某个较为严肃、敏感的问题搞得交际的双方都很尴尬时，我们同样可以通过幽默的解说将其诙谐化，使交际活动得以顺利推进。

1950年的一次国宴上，外宾见了盘内汤菜中的笋片的样子是法西斯纳粹标志的形状，感到迷惑不解，于是询问陪同同志。陪同同志一看，发现是民族图案“万”翻滚后造成的，便解释说：“这不是法西斯纳粹标志，是中国传统图案，叫‘万’字，象征福寿绵长，是对客人的良好祝愿！”接着又风趣地说：“就算是法西斯纳粹标志也没有关系嘛！我们大家一齐来消灭法西斯，把它吃掉！”听了这机智巧妙的解说，宾主哈哈大笑，气氛更加友好热烈，这道汤菜很快被吃了个光。

二、强调事件的合理性

人们之所以在交际活动中陷入窘境，常常是因为他在特定的场合做出了不合时宜、不合情理或有辱身份的举动，而旁人又往往不便直接指出，于是整个局面愈显尴尬。

在此情形下，最行之有效的打圆场方法莫过于找一个视角或借口，以合情合理的依据来证明对方举动在此时是正当的、无可厚非的。这样一来，个人的尴尬解除了，正常的局面也得以继续下去了。

有一次，一位著名演员和丈夫举办一次敬老宴会，请文化艺术界许多著名前辈参加。90多岁的老画家由他的看护陪同前来。老人坐下后，就拉着一个年轻女演员的手目不转睛地看。过了一会儿，老人的看护带点责备的口气对老人说：“你总看别人做什么？”老人不高兴了，说：“我这么大年纪了，为什么不能看她？她生得好看。”老人说完，脸都气红了，弄得大家很尴尬，此时这位演员笑着对老人说：“您看吧，我是演员，不怕人看。”

三、肯定交际各方的价值

当交际的各方因彼此不能满意对方的条件而争执不休时，作为调解者应理解争执各方此时的心理和心情，不要轻率地厚此薄彼，以免加深各方的不满情绪。正确的做法是只强调各方的差异（而非优劣），并对各自的优势和价值予以肯定，以此在一定程度上满足他们的自我实现心理。

四、指出交际各方观点的合理性

当人们因固执己见而争执不休时，造成僵持局面难以缓和的原因往往已不是双方的观点本身，而是彼此的争胜情绪和较劲心理。事实上，对某一问题的看法本身常常并不是一成不变的，随着环境的变化，角度的转移，不同乃至对立的观点都可能是正确的。因此，我们在打圆场时可以抓住这一点，帮助争执双方灵活地分析问题，使他们认识到彼此观点的相对性和兼容性，进而停止无谓的争执。

五、根据谐音向好处发挥

生活中发生的一些猝不及防的意外事件，往往会让当事者遭遇尴尬、不快或引发不必要的麻烦，轻则烦恼伤心，重则结下疙瘩，有的甚至一生都在心中笼罩着一层厚厚的阴云。这时如果利用突发事件及事物与语言间的关系进行机智巧妙的阐释，就会使当事者转忧为喜。

比如，16444，这样一组数字，在某些人眼里就是不吉利。如果从另一角度考虑，就是乐谱中的——哆啦发发发。

六、根据意义关系向好处联想

生活中的任何事物之间看似风马牛不相及，其实如果细心体味、挖掘与联想，总能找到内在的联系。打圆场者就是根据事物、事件同语言之间的意义上的关系进行巧妙、积极地推衍、联想、生发，从而将两者紧密地联想在一起，做出一种吉祥、快乐、令人高兴的解释，使对方从烦恼与不快中解脱出来，增进人际关系的和谐。这从表面看是辞令，其实更本质的东西是打圆场者的思维与智慧。

第二章

讲话不尴尬的公式：礼貌拒绝

礼貌说话 + 巧妙拒绝 = 不尴尬

我们经常会遇到这样那样的尴尬场面，如果处理稍有不慎，就会导致不良后果。当面对尴尬的问题时，你有两种选择：第一，转移对方注意力；第二，不给对方说话之机。显然，第二种方法比第一种方法更具杀伤力。智者总是能把尴尬的问题平常化，或者把平常的问题有趣化。在社交场合，如果遇到别人有意无意地抢白你，奚落、挖苦、讥讽你，你该怎么办？本章将告诉你面对尴尬场面如何随机应变，如何化被动为主动，从而使尴尬烟消云散。

用心倾听，优雅地说“NO”

生活中难免会遇到别人有求于你，而你碍于情面又不好拒绝的情形。如何委婉地拒绝，巧妙地说“不”呢？

比如，当你的同事向你提出要求时，他们心中通常也会有某些困扰或担忧，担心你会不会马上拒绝，担心你会不会给他脸色看。因此，在你决定拒绝之前，首先要注意倾听他的诉说。比较好的办法是，请对方把处境与需要讲得更清楚一些，自己才知道如何帮他。接着向他表示你了解他的难处，若是你处于同样的境地，也一定会如此。

倾听能让对方有被尊重的感觉，在你婉转地表明自己拒绝的立场时，也较能避免他受伤害的感觉，或避免让人觉得你在应付。如果你的拒绝是因为工作负荷过重，倾听可以让你清楚地界定对方的要求是不是你份内的工作，而且是否包含在自己目前重点工作范围内。或许你仔细听了他的意见后，会发现协助他有助于提升自己的工作能力与经验。这时候，在做好目前工作的原则下，牺牲一点自己的休闲时间来协助对方，对自己的职业生涯是有帮助的。

倾听的另一个好处是，你虽然拒绝他，却可以针对他的情况，建议他如何取得适当的解决方法。若是能提出有效的建议或替代方案，对方一样会感激你，甚至在你的指引下找到更适当的支援，事半功倍。

拒绝时除了可以提出替代建议，隔一段时间还要主动关心对方情况。有时候拒绝是一个漫长的过程，对方会不定时提出同样的要求。若能化被动为主动地关怀对方，并让对方了解自己的苦衷与立场，可以减少拒绝的尴尬与影响。拒绝除了需要技巧，更需要耐性与发自内心的关怀。若只是敷衍了事，对方其实能看得出来。这样会让人觉得你不是个诚恳的人，对人际关系的伤害会更大。

此外，在委婉拒绝时一定要注意言语的表达尽量优雅。在沟通过程中除了要注意嗓音和语气，说话时的用词遣句同样也会影响你的语言表达。说话时若能运用恰当的词汇，并将声音的魅力显现出来，自然会让人忽略嗓音不太好的缺陷，而想继续聆听。

一般来讲，优雅用词遣句的要点包括：

第一，说完整的词句。

不要吞吞吐吐或欲言又止，否则会让人觉得不爽快，严重些还会让你沟通的对象对你的人格产生怀疑。

第二，不说粗话。

说粗话的情况并非仅存于流氓、无赖，有许多学识深、地位高的“高级人士”也认为，当自己遇到稍微不顺心的事时，说一句“他×的”“狗屎”并无伤大雅。其实不然，在公众场合说粗话是对个人形象的很大伤害，更是一种听觉上的污染，给听者带来不快。

第三，避免冗长无味或意思重复的言语。

比如："你明白我的意思吗？""你说好不好？""你知道吗？"也不要采用流行语、口头禅作为开场白，如："哇塞！"有些父母从孩子身上学到青少年所惯用的流行语，以为说了这些话就代表跟得上潮流，实则不然，毕竟年长者说着一口年轻人的流行语，既幼稚又有失身份。

第四，不要用"嗯""喔"等鼻子发出的声音来表达个人意见的同意与否（别忘了鼻子是用来呼吸的，不是用来答话的）。这些音调虽非粗话，却是懒惰的表现，会令谈话者有不受重视的感觉。

然而，使用优雅的词汇进行交流并不是鼓励使用那些极为拗口的书面语，甚或文言文，这样容易给人卖弄的感觉，也会给沟通造成障碍。还要注意不要在谈话中夹杂半生不熟的外语。

总之，只要你能优雅地发自内心地说"不"，对方一定会体谅你的苦衷。

故意装糊涂，示意你的态度

在交际活动中，交际的双方或局外人由于彼此不甚了解，常常会做出一些让对方迷惑不解的举动，导致尴尬、紧张场面的出现。为了缓解此种局面，我们可以采用故意曲解的策略，假装不明白尴尬举动的真实含义，也就是我们常说的“装糊涂”，从而给出有利于局势好转的理解，进而一步步将局面朝有利的方向引导。

有这样一个故事：

苏联领导人戈尔巴乔夫携夫人赖莎访美，在赴白宫出席里根的送别宴会的途中，他突然在闹市下车，和站在路旁的美国行人握手问好。苏联保安人员急忙将汽车扭转回头，冲下车，围上前去，并喝令站在戈尔巴乔夫身旁的美国人赶快把手从裤袋里抽出来（怕他们袋内藏有武器）。行人被搞得不知所措，有人责问这是为什么？站在戈尔巴乔夫身后的赖莎十分机智，赶快打圆场，向责问的美国人解释说：“他们的意思是要你们把手伸出来，跟我丈夫握手。”

赖莎随机应变、顺水推舟的一番话真是两全其美，既维护了苏联领导人与美国人的友好感情，也缓解了由此带来的尴尬局面。顿时，周围的美国人都伸出手来同戈尔巴乔夫等人握手致意。

在本例的交际场景中，交际的局外人——苏联保安人员出现了，由于他们按照自己的原则行事，破坏了戈尔巴乔夫同美国市民的正常交际活动，使局面窘迫难堪。幸亏戈尔巴乔夫的夫人十分机智，适时地使用了故意曲解的技巧，把保安人员的举动解释为“请美国人握手”。这样，尴尬的局面不但顺利缓解，而且有力地推进了苏联领导人与美国民众的友好感情。

“文革”期间，一位农民在傍晚行船，一个干部模样的人从桥上经过，向下警觉并不客气地问道：“什么船？”农民不动声色地答道：“水泥船。”那个干部又问：“干什么的？”农民仍从容地答道：“行船的。”旁边的人听罢，禁不住哈哈大笑起来。这段对话中，问者带有责问甚至审问口气的两句问话，被答话者巧妙地岔开，使问话的人非常尴尬。

按理讲，行船的农民是了解问话的用意的，所谓“什么船”，是问装的是什么东西，绝不是问船的质地。而他却有意岔开去，使问的人不好再问。所谓“干什么的”，是问行船去做什么事的，而不是明知故问行船与否。农民又以没有提供任何话语信息的“行船的”岔开去，这就让干部的两次问话两次落空，等于白问。这其实反映了当时农民对某些干部和政策的一种不满与排斥情绪。

人们在交际中的困境与僵局之所以能使人“困”起来和“僵”起来，就因为当事人自己没能从固有习惯的思维圈子中跳出来。而如果你想表明自己的态度，就必须跳出原有的思维，把引起发生困境的事物、事件和问题调换一个角度重新向好的方面加以解释，从而使对方认同这种全新的说法。

牡丹，是我国的传统名花，有“富贵花”之美誉。有一次，著名画家喻仲林开办画展，其中的一幅牡丹被一位老者买去。过了几天，老者忽然打一电话，坚决要求退还此画。他振振有词地说：“你的牡丹图中有一朵牡丹画在纸边上，只剩下半朵了，这叫做‘富贵不全’，我总不能把‘富贵不全’挂在家里呀！”

喻仲林听后，略加思索，故作惊讶地答道：“哦，您把它叫做‘富贵不全’呀，我这里也给它一个画题，叫作‘富贵无边’。”

老者一听，连声称好，再也不提退货的事了。

上例中，老者把画在纸边上的半朵牡丹理解为“富贵不全”，以此来责备画家，未免有一点强辞夺理。然而画家顺着对方的思路，调换了一个角度，却得出了另一种“富贵无边”的解释。可谓想法独特，道理充分，寓意吉祥，最终使有些偏执的老者连连称好，立刻认同并喜欢上这种吉庆的说法。

由此可见，故意装糊涂不失为一种缓解气氛、避免尴尬的好办法。既委婉地拒绝了对方的要求，又很好地说服对方同意自己的见解。

礼貌的拒绝，委婉地表达，不失为上策。

转移话题，应付别人的责难

生活中很多情况下的尴尬与僵局都是交际一方无意之间或因不了解对方而造成的，怀有恶意与歹念的情况并不多见。在这种尴尬的情况下，第三者是最合适的打破僵局的人选。如果第三者能根据具体情况将引起尴尬的事物、事件原来的概念、意义引申向别处，则会有效地化解尴尬僵局。

20世纪80年代末，老诗人严阵、青年女作家铁凝等人访问美国。

有一次他们去参观博物馆，开馆时间未到，他们便在广场上散步。恰巧有两位美国老人在旁休息，看见中国人来，他们很高兴地迎上来交谈，说中国人是他们最为敬仰的。其中一位老人为表达这种崇敬的感情，热烈地拥抱铁凝，并亲吻了一下。铁凝十分尴尬，不知所措。

另一位老人抱怨那老人说，中国人不习惯这样。那拥抱过铁凝的老人，像犯了错误似的呆立一旁。严阵走上前去，微笑着说：“呵，尊敬的老先生，您刚才吻的不是铁凝，而是中国，对吧？”那老人马上朗声笑道：“对，对！我吻的是铁凝，也是中国！两种成分都有。”瞬间，尴尬气氛在笑声中烟消云散了。

这里，老诗人严阵机智幽默地将美国老人吻铁凝这件事转移引申为“吻了中国”，把铁凝个人这个“属概念”引申为“中国”这个“种概念”，这就使当事人双方的紧张情绪得以缓解，从尴尬的气氛中跳了出来。而且，这种引申实际上也抬高了美国老人吻铁凝本身的意义，这种吻象征着一个美国人向开放的中国的致意！可谓妙极！

人与人交往中，难免会遇到各种责难。基本上有两种情况：一种是对所谈有疑问或不同意见而提出问题和反对意见。一般来说，这是善意的。另一种则是恶意的，故意刁难，搞恶作剧，以达到让发言者难堪、出丑的目的。

对责难的控制办法，也要区别对待：

首先，对善意的责难应尽己所知，认真、负责地阐述自己的观点或解答对方的问题。

只要不是涉及国家、组织机密和有伤风化等内容的，都应有问必答，不可用“无可奉告”之类的外交辞令搪塞。如果确实回答不了，要老老实实地表示歉意，或者留下另行探讨的话语。

前面所举宣传部部长到分厂宣讲时事政策，一女工站起来问道：“你老讲形势好，为什么全国到处都在下岗？”部长说：“下岗是社会发展的正常现象，是社会进步的表现，恰恰说明形势好。现在一些地方，部门人浮于事，没事做，而一些地方、部门又事多等人做，这正常吗？一个工厂技术落后、设备陈旧，产品没市场，大家都发不出工资，还不如让一些人下岗转行，去干社会需要的事。这样，既满足了社会的需求，大家又都有钱可挣，不比要死不活地吊着好吗？”

其次，对恶意的责难应针锋相对，坚决、果断地予以驳斥或揭露。

手法上可以多样化：或反唇相讥，或以牙还牙，或幽默风趣。总之，不能让其企图得逞。在这种情况下，不予理睬、拒绝回答，或者发火、生气，或者令其离开或自己离开，都是不恰当的：一是会助长其气焰；二是混淆其他听众的视听；三是有损自己的形象。

加拿大在同中国建交前，国内有一股敌视中国的恶势力。外交官切斯特朗宁在参加议员竞选时，有人站出来反对他说：“他出生在中国，是喝中国奶妈的奶汁长大的，身上有中国人的血统！”切斯特朗宁立即驳斥道：“我喝过中国奶妈的奶，这是事实。但喝过中国奶妈的奶就具有中国人的血统了吗？诸位先生，你们不也喝过加拿大的牛奶吗？你们身上是不是也有加拿大牛的血统了呢？”

美国前总统布什一次在演说时，台下递上一张纸条，他打开一看，写的是“傻瓜”。他若无其事地笑道：“以往别人递纸条都是提出问题，而不落姓名；而这张只落了姓名却没有提问题。”

布什巧妙地将本想辱骂他的恶语，转移到辱骂者身上，不失为一个大国领袖的风度。可谓高手中的高手。

聪明回击，让对方无力反击

要爽快地接受别人的意见，的确是一件很不容易的事。但是，如果你是正确的，而他人想要逃避责任的话，这又该如何是好？这样的情况比起自己爽快地接受他人的意见难得多了。

这个时候，不应该逼得他喘不过气，或说不出半句话，也就是所谓的“赶狗入穷巷”。他人被你逼得走投无路的时候，只好抓你的毛病反击。如果你不懂得给对方留些余地，对方表面上可能表现得很宽容，匆匆地随便找个台阶下，但内心的煎熬却不像表面的那样，一旦有机会他必然会反击。如果你能够遇到一位心胸宽大且真正欣赏你的人，这是你的福气，你要心存感谢。千万不要因为这样就趾高气扬地不可一世。《孙子兵法》中也说过，攻敌时要留一条退路给敌人，若是把敌人团团围住而不留一条活路，敌人在走投无路的情况之下只好决一死战，全力反击。

有句俗话说得好：得饶人处且饶人。人在有理的时候不要咄咄逼人，不要抓住别人的“小辫子”不放，而要有容人容事的胸怀。“大肚能容，容天下难容之事；笑口常开，笑天下可笑之人。”这是人们贴在弥勒佛身边的一幅对联。从这幅对联中，不难看出人们对大慈悲、大胸怀的敬仰之情。常怀宽容之心，实际上也是做人的一种美德和力量。史书载，战国时赵国的蔺相如以国家利益为重，一忍再忍廉颇的寻衅羞辱，他以“先国家之急而后私仇”的大境界，终使廉颇幡然醒悟，从而给世人留下“将相和”的千古美谈。应该说，宽容是双向的，于人于己都有益。如果一味苛求别人，得理不饶人，这样不但于事无补，也伤了感情。

一个生动形象的比喻，能化复杂为简单，化艰深为浅显，化抽象为具体。遇到一些棘手的提问，或难以用通常语言表达的问话，如果用一个通俗形象的比喻来回答，就会胜过几多话语——这就是喻答。

1936年11月，中国发生了震惊中外的“七君子事件”。著名爱国民主人士史良被捕后在法庭上与法官、检察官进行了多次论辩。其中，针对七君子的电报与西安事变的所谓联系，有这样一段对话：

检察官问：你们给张学良的电报引起西安事变。

史良答：比方刀店卖刀，买了刀的人也许用来杀人。检察官的意思，难道杀了人要刀店负责么？

这件事如果就事论事，可能既费口舌而又说不清。史良只用了一个通俗的比喻，即刀店与买刀者杀人的关系，严正地指出自己的观点：西安事变要由发电报的人负责，与杀了人却要刀店负责同样是无比荒谬的。这样，既指出检察官“你们给张学良的电报引起西安事变”的推论不能成立，又讽刺了检察官的愚蠢与蛮横。

由此可见，巧妙的回击既充满睿智，以简驭繁，又有深入浅出的功效。

此外，在人际交往中，遭人误解是难免的事。在遇到误解以后，有的人感到委屈、悲伤；有的人情绪消沉，认为“跳进黄河也洗不清了”；也有的人会产生强烈的情绪反应，感到别人太不理解自己了，打算采取以牙还牙的报复手段，想以此来消除遭人误解所带来的怨恨。正确的做法是，对误解要“解”不要“误”。所谓“解”，就是缓解、化解矛盾，让误解成为“雪消春水来”的转机。

生活中的误解大部分是由于别人不了解实际情况而产生的。因此，当误解产生时，你应当寻找合适的机会，把事情向当事人解释清楚，让对方了解事情的“庐山真面目”。在申辩、解释时，态度要诚恳，要尽可能平心静气，采取谅解别人的宽宏态度，切不可因内心不满而使用过激的言辞。一旦情况清楚了，对方的误解自然便会烟消云散了。

对有的误解，应先从自己身上找原因、寻对策，不要轻易地指责误解你的一方。应该说，只要对方不是故意找你的茬，与你闹别扭，他对你产生误解总是有原因的。

因此，你首先要检查一下自己是否有被对方误解的言行。如果有，应“有则改之”，立即找到症结，并向对方解释清楚，保证今后多加注意；如果没有，你也不要随意责怪对方，而应采取积极适当的方法，以消除对方对你的误解。

对于那些难以申明或一时无法用行动来证明的误解，不必计较，也不必着急。

有句话说得好，“时间是澄清误解的明矾”。误解总要消除，是非总有定论，只是一个时间问题而已。

对事不对人，表明拒绝态度

说话是一门语言的艺术。既然是艺术就不能忽视细节问题。说话有很多的讲究，诸如有些话不能明说，有些话不能直说，需要拒绝别人时，要采取巧妙的方式，同时还要学会倾听，话要说得委婉含蓄，等等。这些都属于说话的细节问题，只有细节问题处理好了，工作、生活才能得心应手。

在人际交往中，我们总会遇到一些为难的事，有时别人有求于我们，可是我们又实在无能为力，这时，就要拒绝对方，但拒绝也是要讲究技巧的。只有掌握了这些技巧，才会让对方知道你是对事不对人，这样做既不得罪人，又能让对方欣然接受。

许多时候，人们要面对别人提出的许多要求。有些要求可以满足，但有些要求因碍于情面或其他原因必须拒绝。没有人喜欢被拒绝。因此，你在拒绝别人时先不要急切、直接地表达自己的立场。因为直接拒绝别人，轻则影响双方往后的合作与相处，重则让人觉得你不够大方。

为了最大化地降低拒绝所产生的负面效应，你需要掌握一些说话技巧，秉持理直气“和”的原则，既不伤害对方的自尊，又能婉转地拒绝对方的要求。

无论怎样，都要让对方感知到，你说话是对事不对人。

任何人都有获得别人尊重的需要，批评、责怪一个人本身与批评、责怪一个人做出的行为与事件，有很大的区别，给人留下的印象也极不同。例如，一个学生解一道化学方面的题目，由于不小心，将分子式写错了，如果老师批评他："你怎么这样笨，这么小的问题也会出错！"被批评者心里肯定极不舒服。如果老师只针对他写错了分子式这一行为来批评，末了提醒他以后多加小心，被批评者一般会心服口服。

1. 倾听之后再说"不"

当你的同事、客户或朋友向你提出要求时，他们心中通常也会有某些困扰或担忧。

拒绝对方之前先要认真地倾听。首先，请对方把处境与需要讲得更清楚一些，这样自己才知道如何帮他。接下来，再向他表示你了解他的难处，若是你处于此境况之下，一定也会如此。

倾听能让对方先有被尊重的感觉，在你婉转表明自己拒绝他的立场时，就能够有效地避免伤害他的感情，不要让人产生你是在应付的错觉。

如果你拒绝对方的原因是因为自己的工作负荷过重，那么，倾听可以让你清楚地界定对方的要求是不是你分内的工作。

有时候听了对方的意见，你会发现协助他有助于提升自己的能力并增加经验。这时候在兼顾目前工作的前提下，牺牲一点自己的休闲时间来协助对方，对自己的职场生涯绝对有帮助。

2. 多一些弹性与关心

你在拒绝对方时，除了可以提出替代性建议，隔一段时间还要主动地去关心对方。

有时候，拒绝是一个漫长的过程，对方会不定时地提出同样的要求。若能化被动为主动地关心对方，并让对方了解自己的苦衷与立场，则可以减少拒绝带来的尴尬与负面影响。当双方的情况都得到改善时，就有可能满足对方的要求。

对于业务人员，例如保险业者面对顾客要求自己却无法满足时，这种主动关心对方的技巧尤为重要。

3. 婉转地表达拒绝

你在拒绝对方之前，可以首先倾听对方的要求，以便针对他的情况，建议对方如何取得其他人或组织上适当的支持。若是能提出有效的建议或替代方案，对方一样会感激你，甚至在你的指引下找到更好的解决办法。

当你开始说“不”的时候，态度必须是温和而坚定的。好比同样是药丸，外面裹上糖衣的药就让人容易入口。同样，委婉地表达拒绝也比直接说“不”让人更容易接受。

若是对方因为你的拒绝而表现出愤怒或做出威胁时，你也不需要立刻响应，而要多用同情心来缓和他的不满与挫折感。

在拒绝别人的过程中，除了掌握一定的技巧外，更需要发自内心的热情与关怀。若只是敷衍了事，就会让人觉得你不是个诚恳的人，对人际关系伤害更大。

巧妙斡旋，不行就找机会溜

在现实的交际生活中我们不可避免地会遇到一些实在不喜欢的人，或者一个让人很尴尬的话题，如何应对这种状况，与麻烦的对手打交道也需要一定的技巧。

化解尴尬处境最常用的办法是“找借口溜”。相信很多人都尝试过这种办法，可问题在于如何让这个借口显得自然，而不要出现欲盖弥彰的状况，使局面变得更加尴尬了。这就需要具体问题具体分析，从当时的场合和可利用的一些资源随机应变，见机行事。

对于难缠而麻烦的对手，不妨采用下面这个办法：故意忘记他的姓名，暗示你对他的漠视。不同的称呼，表示了双方关系的密切程度，代表着对对方人格的尊重程度。如双方见过面，对方却对自己的名字没有印象，表明对方根本没有把自己放在眼里。对于专门从事与人打交道的工作的人，记住对方的名字并在下一次相见时叫出，是一种非常有用的武器，客人会因此产生一种莫明其妙的愉快感觉，感到受到对方的重视。若是不想承认对方的能力和人格，或者不希望与对方打交道，就可以故意假装不知道对方的名字，暗示与之处在不平等的位置上，你占有优越的地位。这是一种实用的心理技巧，对于惹人厌烦或有意轻视疏远的对象，就故意问："啊，我忘记了，你的名字叫什么？"这种问法，一定会给对方以相当大的打击，因为这样问就表示，你的存在对我毫无帮助，所以我根本没有记住你的名字。这种不友好的问话一出口，对方就容易显得有些不自在，他们会认为，说这话的人很不礼貌或者很傲慢，也就往往会终止交谈。

有些问题，正面回答很难讲清楚，那就不妨巧妙地避开话锋，说说另一些相关内容，通过旁敲侧击，引导听话人深思，在思考中自求答案。

有位青年问刘吉："有人说留长发、蓄胡子是精神污染，你也这样看吗？"刘答道："一个民族有一个民族的风俗习惯。马克思和恩格斯不仅头发长，胡子也长，可他们是共产党的老祖宗（大笑，鼓掌）。毛主席和周总理头发不长，胡子也没留，他们同样是我们尊敬和热爱的导师。"

刘吉讲了两种情况，让提问者思考。巧妙的闪避，圆满解决了几句话很难解答清楚的问题。闪避成功的关键，是找准闪避的方向。一般是寻找可以类比的事例进行闪避。

巧妙斡旋还可以采用以虚击实的方法。这种方法就是用虚幻、虚假或子虚乌有的事件去迎击对方本来比较"实"的问话，这是拒绝辞令中常用的方法。

它可分两步完成：第一，先避开实质性的问题，不做直接回答，免得纠缠不清。第二，选择一个纯粹夸张了的事实去回答对方，这就是“虚”，即虚答。因为这种答案显然是虚假的，这就使问话者明显感到不可信。由此而及彼，于是在问话者脑中很快便形成一种逻辑推理，顺理成章地推出另一个事实也是假的结论。从而，无需多费口舌，原来那种“实”的结论也就被彻底否定了。这种战术，不仅能有效地避其锋芒，而且能有效地击“实”，即先退后进，以退为进，反戈一击，成功地实现完全否定对方论点的目的。

一位记者问某总统：“你很富有。据说你的财产达到30亿美元！”表面上看来这一提问好像是对他家庭情况的一般性提问，实则用意很深，完全是针对总统是否廉洁而来的。这是一个极为敏感的政治问题，也是一个很难回答的问题，因为若是矢口否认，别人不会相信；若是照实说来，显然不妥。那么，应该怎样回答好呢？

总统听后发出一阵长时间的哈哈大笑，反问道：“一位外国议员说我有60亿美元！你听到了吧？”

这里，总统没有就他是否拥有30亿美元一事直接做出正面回答，而是列举了一个更大的显然是夸张了的数字，以嘲讽的口吻反问记者，这实际上就是间接否定了记者的提问。不愧为明智的拒绝方式。

实战指南：说“不”十法

说“不”有以下十种方法，值得参考和借鉴。

一、做好说“不”的准备

我们可分析一下，那些在别人不论提出多不合理的要求时都很难说“不”的人，通常是由于以下一种或几种原因。

首先对自己的判断力缺乏自信，不知道什么是应该做的，什么是别人不期望自己做的。

其次渴望讨别人喜欢，担心拒绝别人的请求会让人把自己看扁了。对自己能力能够成功地负起多少责任也认识不清。

最后是自卑作怪，因而把别人看成是能控制自己的“权威人士”。

然而，不论出于何种理由，这些不敢说“不”的人通常承认自己受感情所支配。不管过去的经历如何，他们从未在别人提出要求时有一个准备好的答复。

二、用拖延来说“不”

一位女友想和你约会。她在电话里问你：

“今天晚上八点钟去跳舞，好吗？”

你可以回答：“明天再约吧，到时候我给你去电话。”

你的同事约你星期天去钓鱼，你不想去，可以这样回答：

“其实我是个钓鱼迷，可自从成了家，星期天就被妻子没收啦！”

三、用沉默说“不”

当别人问：“你喜欢阿兰·德龙吗？”你心里并不喜欢，这时，你可以不表态，或者一笑置之，别人即会明白。

一位不大熟识的朋友邀请你参加晚会，送来请帖，你可以不予回复。它本身说明，你不愿意参加这样的活动。

四、用回避说“不”

你和朋友去看了一部拙劣的武打片，出影院后，朋友问：“你觉得这部片子怎么样？”你可以回答：“我更喜欢抒情点的片子。”你正发烧，但不想告诉朋友，以免引起他的担心。朋友关心地问：“你试体温了吗？”你说：“不要紧，今天天气不太好。”

五、用模糊说“不”

外交官们在遇到他们不想回答或不愿回答的问题时，总是用一句话来搪塞：“无可奉告。”生活中，当我们暂时无法说“是与不是”时，也可用这句话。还有一些话可以用做搪塞，如“天知道”“事实会告诉你的”“这个嘛……难说”等。

六、用反诘说“不”

你和别人一起谈论国家大事。当对方问：“你是否认为物价增长过快？”你可以回答：“那么你认为增长太慢了吗？”你的恋人问："你讨厌我吗？"你可以回答："你认为我讨厌你吗？"

七、用推托说"不"

一个宾馆服务员，在一位客人请求替他换个房间时，他可以说："对不起，这得值班经理决定，他现在不在。"

你和妻子一块上街，妻子看到一件漂亮的连衣裙，很想买，你可以拍拍衣服袋："糟糕，我忘了带钱包。"

有人想找你谈话，你看看表："对不起，我还要参加一个会，改天行吗？"

八、用客气说"不"

当别人送礼品给你，而你又不能接受时，你可以客气地回绝：一是说客气话；二是表示受宠若惊，不敢领受；三是强调对方留着它会有更多的用途等。

九、友好地说"不"

一位作家想同某教授交朋友。作家热情地说："今晚我请你共进晚餐，你愿意吗？"不巧教授正忙于准备学术报告会的讲稿，实在抽不出时间。于是，他亲热地笑了笑，带着歉意说："对你的邀请，我感到非常荣幸，可是我正忙于准备讲稿，实在无法脱身，十分抱歉！"他的拒绝是有礼貌而且愉快的，但又是那么干脆。

十、对事说"不"

某造纸厂的推销员上某单位推销纸张。推销员找到熟悉的这个单位的总务处长，恳求他订货。总务处长彬彬有礼地说："实在对不起，我们单位已同某国营造纸厂签了长期购买合同，单位规定不再向其他任何单位购买纸张了，我也应按照规定办。”因为总务处长讲的是任何单位，就不仅仅针对这个造纸厂了。

当我们羞于说“不”的时候，请恰当地运用上述方法。但是，在处理重大事务时，来不得半点含糊，应当明确说“不”。而在朋友的真心求助下，则不能用说“不”的方法来应付，应竭尽所能去帮助他们，只有在违反原则或自己力不能及时，才好说“不”。

第三章

讲话不糊涂的公式：灵活办事

灵活讲话 + 清楚办事 = 不糊涂

人的一生都难免与他人沟通、合作。好的沟通办事技巧及讲话能力，可以让你处处遇贵人，时时有资源。别人做不到的事你能做到，别人要花五年达成的目标，你可能只需两年。遇到不同的事你该怎么说，说完之后你该怎么做？本章将告诉你如何掌握灵活的办事技巧及如何讲话不糊涂，从而让你轻松建立好的人际关系，获得更多的机会与资源，得到更多人的协助与支持。

先肯定别人，获得对方好感

人与人之间的一切都是相互的。只有你懂得欣赏、肯定别人，别人才有可能欣赏和肯定你。语言交流是需要技巧的，掌握了一定的技巧才会获得他人的好感，才能将交谈继续下去。

一般来说，获得对方好感的说话技巧有以下几点：

1. 多提善意的建议

当他人关心自己时，只要这份关心不会伤到自己，一般人往往不会拒绝。尤其是能满足自尊心的关怀，往往立即转化为对关怀者的好感。

满足他人自尊心最佳的方法是善意的建议。对方是女性时，仅说："你的发型很美"，只不过是句单纯的赞美词；若是说："稍微剪短点，看起来会更可爱"，对方定能感受到对自己的关心。若是能不断地表示出此种关心，对方对你必然更加亲切信任。

2. 偶尔暴露自己的小缺点

只是暴露自己的缺点并不是毫不保留地将所有的缺点都暴露出来，如此做，反而使人认为你是个毫无可取之处的人，因而丧失了对你的信任。

暴露的缺点只要一两个就可以了，可使他人难以将这一两个缺点和其他部分联想在一起，因而产生其他部分毫无缺点的感觉。“这个人有点小缺点，但是其他方面挑不出毛病来，是个相当不错的人！”类似上述的想法就能深深植入他人的心中。

3. 记住对方所说的话

某位心理学家应邀至地方上演讲时，不料主办者之一却问他：“请问先生的专长是什么？”他颇为不高兴地回答：“你请我来演讲，还问我的专长是什么？”

招待他人或是主动邀约他人见面，事先多少都应该先收集对方的资料，此乃一种礼貌。换句话说，表现自己相当关心对方，必然能赢得对方的好感。

记住对方说过的话，事后再提出来做话题，也是表示关心的做法之一。尤其是兴趣、嗜好、梦想等事，对对方来说，是最重要、最有趣的事情，一旦提出来作为话题，对方一定会觉得很愉快。在面试时，不妨引用主考官说过的话，定能使主考官对你另眼相看。

4. 发觉对方的微小变化

依我来看，一般做丈夫的都不擅长对妻子表现自己的关心。比方说，妻子上美容院改变发型后，明明觉得“看起来年轻多了”，却不说出口，因而使妻子心里不满，觉得丈夫不关心自己。

不论是谁，都渴求拥有他人的关心。而对于关心自己的人，一般都具有好感。因而，若想获得对方的好感，首先必须先积极地表示出自己的关心。只要一发现对方的服饰或使用物品有些微小的改变，不要吝惜你的言辞，立即告诉对方。例如，同事打了条新领带时，“新领带吧！在哪儿买的？”像这样表示自己的关心，就没有人会因此觉得不高兴。

另外，指出对方与往日不同的变化时，愈是细微、不轻易发现的变化，使对方高兴的效果愈大。不仅使对方感受到你的关注也感受到你的关怀，转瞬间，你们之间的关系就会远比以前更亲密可信。

5. 呼叫对方的姓名

欧美人在说话时，常说“来杯咖啡好吗？史密斯先生”，“关于这一点，你的想法如何？史密斯先生”，频频将对方的名字挂在嘴边。很令人不可思议的是，此种方式往往使对方涌起一股亲密感，宛如彼此早已相交多年。其中一个原因就是，他感受到对方已经认可自己了。

在我们的社会里，晚辈直呼长辈的名字，是种不礼貌的行为。但是，借着频频呼叫对方的名字，来增进彼此的亲密感，并不是百无一利的方法啊。

6. 提供对方关心的“情报”

我有位朋友有个奇怪的习惯，总是在他人名片的背面写上密密麻麻的记事。

与其说他是为了整理人际资料或是不忘记对方，倒不如说是为了下一次见面做准备。也就是说，将对方感兴趣的事物记录下来，再度见面时，自己就可提供对方关心的情报作为礼物。

即使只是见过一次面的人，若能记住对方的兴趣，比方说是钓鱼吧！在第二次、第三次见面时，不断地提供这方面的知识或是趣事，借此显示自己对于对方的兴趣很关心，结果，必然使对方产生很大的好感。

或许有些人会认为此种做法太过于功利主义，可事实决非如此。此种做法的确是出于对对方的关心。经常保持此种姿态，必然能将一般通用的话题化为己身之物。换句话说，以长远的目标来衡量，此种做法能成为表现自我的有力武器，延续对方对自己的好感和信任。

灵活说话，掌握语言“障眼法”

魔术大师的戏法谁都知道是假的，可人人爱看，乐意接受他那块罩眼布。人情关系学认为，要注意尊重他人，即使是指责批评，有块遮羞布，对方也容易接受。大家避免了难堪，才可能有戏法可变，其实谁都心知肚明。

人际交往中，这样的场合很多。

1. 难以启齿的话，要用机智与笑话的“糖衣”包起来

想必你在日常生活中也一定会遭遇必须讲一些难以启齿的话。这种时候，如果直接说“实在伤脑筋”“这样很麻烦”，很可能引起对方的反感，或者给予对方不快感。如用夹杂机智与笑话的语言来传达自己的话语，对方也就一笑置之，既不伤害到对方，说的人心理负担也比较轻。

2. 警告别人时不要指出缺点，而要强调如果纠正过来会更好

有位棒球教练在纠正选手时，不说“不对，不对”，而说“大致上不错，但如果再纠正一下……结果会更好”。他并非否定选手，而是先加以肯定再修正。也就是说先满足对方的自尊心，然后再把目标提高。如果只是纠正、警告的话，只有徒然引起选手的反感，不会有任何效果可言。

3. 传达坏消息时，要附加一句“令人无法相信”

传达坏消息，心情总是沉重的。然而，这种时候正需要一些思考，否则可能演变成人的生死问题。

这是某小镇发生的真人真事。由于一封匿名信的缘故，传出了一个已有家室的男士与一个新婚不久的妇人之间的暧昧的关系。整个小镇闹得风风雨雨，上司要他辞职。结果，他抛下妻子与两个孩子自杀了。后来真相大白，他是清白的。如果周边的人肯信任他的话，也许就不会发生这种悲剧了。直接说“你有如何如何的谣言”，前面加一句“虽然我不相信……”那么对方所受到的冲击也就相当不同了。我认识的一个高中教师，他总是如此对成绩退步的学生说：“实在难以置信，你考这样的分数。”倘若只是传达事实的话，机器人也办得到，但是，“令人难以置信”这句话则是机械所办不到的机灵。

4. 不小心提到对方的缺点时，要加上赞美的话

想必每个人都曾不小心说话伤到对方或对对方不礼貌。话一旦说出来就无法挽回，当场气氛就不好了。这种情形大多是连忙辩解，或者换上温和一点的措辞，这实在不是好方法，因为对方认为你心里这么想才会出言不逊。这种时候不要去否定刚才说出来的话，要尽量沉着，若无其事地附带说道：“这就是你吸引我的地方”“但是，你也有什么什么优点，所以表面上的缺点更显得有人性。”

人对于别人说过的话总是对最后的结论印象最深刻，附加赞美的话，对方便认为结论是赞美的，即使前面说过令人不愉快的话，也就不会计较了。

5. 假托第三者传达对对方的批评

以下是我听某企业的主管说的，他的公司有几位兼职的女职员言谈很不高雅，甚至对他这个上司说起话来像对待朋友一样。有一天，他告诉一个已经任职两三年的女职员："最近的年轻人说话有点随便，请你代我转告一下好吗？"那个女职员回答："是。"结果却很令人意外，那几个兼职的女职员谈吐多少有所改善，而那个负责转告的女职员对自己的谈吐最为小心翼翼。恐怕是"最近的年轻人"这句话让那个女职员觉得自己也包括在内。

这个女职员的情形，连主管也意想不到。这也可以用做批评别人时的方法，也就是说托诸"第三者"而不要直接批评，如此一来，对方就会虚心接受而不太会产生反感。

然而，这种托诸"第三者"的批评，如果太过明显，听起来倒像"指桑骂槐"。这一点可要多留意。

蒙上遮羞的外衣，既能治好伤情，又能不使其丢丑，正是遮羞通权达变的境界。

多给人"点赞"，不揭人短

常言道：打人别打脸，说话别揭短。这句话充分表达人们最看重的就是面子，而打脸和揭人短处都是最伤人面子的事情。

就算再差劲的人，也会有一两处值得赞美的优点。例如，一个人玩台球的技术很高明，或者酒量非常好，这些都可以加以利用。不管别人是否在意他的小优点。别人给他赞美，一定会使他感到高兴的。

赞美无须刻意修饰，只要源于生活，发自内心，真情流露，就会收到赞美之效。但要更好地发挥赞美的效果，也需要注意以下几个要点：

1. 赞美要实事求是，措辞恰当

当你准备赞美时，首先要掂量一下，这种赞美，对方听了是否相信，第三者听了是否不以为然，一旦出现异议，你有无足够的理由证明自己的赞美是有根据的。赞美要注意适度，过度的赞美会令对方感到难以接受，甚至感到肉麻、讨厌，结果适得其反。只有适度的赞美才会令对方感到欣慰。适度因人、因时、因事、因地而异，需要不断摸索积累，逐步掌握。

一位老师赞美学生们："你们都是好孩子，活泼、可爱、学习认真，做你们的老师，我很高兴。”这话很有分寸，使学生们既努力学习，又不会骄傲。但如果这位老师说：“你们都很聪明，将来会大有出息，比其他班的同学强多了。”效果就大不一样了。

2. 赞美要深入、细致

浮皮潦草的赞美难以给人留下深刻印象。如果称赞一个初次见面的人“你给我们的感觉真好”，那么这句话可能说完就过去了，不能给人留下任何印象。但是，倘若你称赞一个好推销员：“小王这个人为人办事的原则和态度非常难得，无论给他多少货，只要他肯接，就绝对不用你费心。”那么由于你挖掘了对方不太显明的优点并给予赞扬，增加了对方的价值感，因此赞美起的作用会很大。

3. 表情要热情洋溢

漫不经心地对对方说上一千句赞扬的话，等于白说。缺乏热情的空洞的称赞，不能使对方高兴，有时还可能由于你的敷衍而引起对方的反感和不满。

4. 将赞美用于鼓励

鼓励能让人树立起自信心。自信是成功的一半，用赞美来鼓励对方，能达到事半功倍的效果，尤其在“第一次”。无论任何人干任何事情，都有第一次的时候，如果对方第一次干得不好，你应该真诚地赞美一番：“第一次有这样的表现已经很不容易了！”别人会因为你的赞美而树立信心，下次自然会做得更好。

5. 借用第三者的话赞美他人

赞美随时随地都能听见，面对面或直接地赞美对方，总有点恭维奉承之嫌。若换个角度，换种说法，也许就好多了。以“第三者”的口吻来赞美对方，说：“难怪某某一直说你很不错，今日一见……”可想而知，对方一定很高兴。因此，间接地在背后赞美对方，更会使对方感到你对他的赞扬是真诚的。

有的人说话不讲究方式方法，不仅不懂赞美别人，还经常触及对方的软肋，揭别人的短。

英国作家托马斯·富勒曾经写道：“失足引起的伤痛很快就可以恢复，然而，失言所导致的严重后果，却可能使你终身遗憾。”

一个人若想和上司、同事建立良好的人际关系，一定要记住：保持适当距离，做事公私分明，尤其要注意，言谈之间不要说到别人的痛处。被击中痛处，对任何人来说都是件不愉快的事。

不管在什么情况下，不去碰触别人的痛处，不仅是待人处事应有的礼仪，更是在都市丛林中左右逢源的关键。

有修养的人即使在盛怒之下，也不会扩散愤怒的波纹；但是涵养不够的人，被激怒了，往往就会展露凶貌，口出恶言，甚至随手拿起手边的东西往地上摔。

某些人暴跳如雷的时候，还会口不择言，用侮辱性的语言攻击别人最敏感的隐私，这是相当不明智的行为。

中国古代有所谓“逆鳞”的说法，强调即使面对温驯的蛟龙，也不可掉以轻心。

传说中，龙的咽喉下方约一尺的部位，长着几片“逆鳞”，全身只有这个部位是逆向生长的，万一不小心触摸到这些逆鳞，必定会被暴怒的龙吞噬。

至于其他部位，不论你如何抚摸或敲打都没关系，只有这几片逆鳞，无论如何也触摸不得，即使轻轻摸一下也会犯大忌。

其实，每个人身上也都有几片“逆鳞”存在，即使是人格高尚伟大的人也不例外。唯有小心观察，不触及对方的“逆鳞”，也就是我们所说的“痛处”，才能保持融洽的人际关系。

激发同情心，难事不难办

大多数人都具有同情心，面对求情者的眼泪和哭诉，听者就是铁石心肠，也免不了会动心。但这并不是说，凡求人办事都要摆出一副可怜兮兮的样子。而是说，当我们在求人解决问题时，应该调动听者的同情心，使听者首先从感情上与你靠近，产生共鸣。这就为问题的解决打下了基础。

人心都是肉长的，只要你将具体的情况和你内心的痛苦如实地说出来，处理者总会动心的。

同情心可以促进当权者对受害人的理解，但这并不等于说马上就会下定处理的决心。因为处理者要考虑多方面的情况，有时会处于犹豫之中，甚至会抱着多一事不如少一事的态度，不想过问。这时候，求情办事者就得努力激发被求者的责任感，要使被求者知道，这是在他职责范围内的事，他有责任处理此事，而且能够处理好此事。

美国曾有一位老妇人向在律师事务所工作的林肯律师哭诉她的不幸遭遇。原来，她是位孤寡老人，丈夫在独立战争中为国捐躯，她靠抚恤金维持生活。前不久，抚恤金出纳员勒索她，要她交一笔手续费才可领取抚恤金，而这笔手续费是抚恤金的一半。

林肯听后十分气愤，决定免费为老妇人打官司。

由于出纳员是口头勒索的，没有留下任何凭据，因而指责原告无中生有，形势对林肯极为不利。但他十分沉着、坚定，他眼含着泪花，回顾了英帝国主义对殖民地人民的压迫，爱国志士如何奋起反抗，如何忍饥挨饿地在冰雪中战斗，为了美国的独立而抛头颅、洒热血的历史。最后，他说：

"现在，一切都成为过去。1776年的英雄，早已长眠地下，可是他们那衰老而又可怜的夫人，就在我们面前，要求申诉。这位老妇人从前也是位美丽的少女，曾与丈夫有过幸福的生活。不过，现在她已失去了一切，变得贫困无靠。然而，享受着烈士们争取来的自由幸福的某些人，还要勒索她那一点微不足道的抚恤金，还有良心吗？她无依无靠，不得不向我们请求保护时，试问，我们能熟视无睹吗？"

法庭里充满哭泣声，法官的眼圈也发红了，被告的良心也被唤醒，再也不矢口否认了。法庭最后通过了保护烈士遗孀不受勒索的判决。

没有证据的官司很难打赢，然而林肯成功了。这应归功于他的情绪感染、驾驭了听众及被告的心理，实现了理智与情绪的有机统一。

如果仅靠情感打动不了对方时，还有一种方法就是激发起所求之人的责任心、同情心与信任心。这些情感一旦被激发，事情办成的可能性就很大。

在求人办事时，激发对方的同情心和责任感是十分重要的，当你巧妙地点醒对方身负的责任和手中的权力时，会使对方衍生出一种自豪感，使他得到了应有的尊重，并同时站到了你的立场上。到了这个时候，再难办的事情也能办得成。

不仅仅是女人的眼泪，男人的眼泪有时比女人的更有用。这是因为一般人都相信“男儿有泪不轻弹”。一旦男人哭起鼻子来，会使在场的人更容易受到感动。

一家公司曾经用一年时间来解雇一位普通员工，但却怎么也下不了决心，原因是这个高大魁梧的领班擅长哭。

事情的经过是这样的：在过去的12个月当中，人事部经理与这位领班会晤了4次。而每次都在尚未进入主题时，领班已经泣不成声了。也许是他演戏的天分，对这位人事经理已经达到了绝佳的效果。每次经理都对公司领导者说：“如果必须开除他，你们自己去说吧，我办不到。”就这样，领班一直在那家公司做事。

日本国会有一次在讨论政治伦理问题时，中曾根首相为了征询田中角荣的意见而和他会晤。在谈话中，前首相田中感叹地说：“我听孙子说，在学校同学们都讥笑他，所以不想上学了。我心里很难过，爷爷的错误竟要孙子来承担。”说罢，已是泪流满面。

中曾根首相看了，不禁也热泪盈眶，并立刻告诉田中：“我们必须在政治与伦理间订立规范。”敏感人士认为，中曾根首相被田中的眼泪蒙骗了。

一般的人都是有感情的，只要你能博得同情，你的所求目的就可达到。

在办事过程中泪水是最厉害的一种武器，这一点是无可否认的。被求的一方往往因为对方的泪水而激发自己的情感，从而对对方的请求一一应允。铁石心肠的人毕竟只是极少数。

等人把话说完，你再开口

用心倾听是良好沟通的开始，说话之前要听懂别人的话。

口才不是天生的，都是后天训练得来的。但是，在学会说话的艺术之前，请先学会如何听话。

何老太太经过菜市场时看到有人正在贩卖龙虾，15两重的一只仅仅要200元，但是八只绑成一串，一次至少得买一串。因此，何老太太站在摊位前凝望良久，举棋不定。

这时，有位年轻的妇人挤了过来，对何老太太说："老太太，是不是也想买龙虾？可是八只太多了，我们俩合着买好不好？"何老太太想了想，开心地答应了，两人各出800元，一起买了八只大龙虾。

年轻的妇人把龙虾分成两袋，一袋五只，另一袋三只，然后说："老太太，我家只有两个人，所以我拿三只就好了，你比我多拿两只，再付给我400元好吗？"

老太太心想，今儿个晚上儿子全家都会回来，大伙儿打打牙祭也好，于是就答应多拿两只，另外又多付了400元给那位年轻的妇人。

回到家里，何老太太连忙把她的战利品展示给老伴看，并且把经过向何老先生叙述了一番。

老先生听了，大声喊道："老太婆，被人骗啦！"

她是什么时候被骗的呢？

原来，何老太太只买了五只龙虾，却总共付了1200元，因为那位妇人告诉她说"比我多拿两只"。事实上，妇人只是将自己的其中一只给了老太太，老太太多了一只，妇人少了一只，这么一加一减，不就差了两只吗？

不懂得拐弯抹角说话，你便会伤了别人的心；不懂得拐弯抹角听话，你便会上了人家的当而不自知。

明枪易躲，暗箭难防，听不懂别人的话，你便会被人卖了还替人数钞票，从今天开始，来训练自己能听能说吧！

富兰克林曾经提醒我们："当发怒和鲁莽开步前进的时候，悔恨也正踩着两者的足迹接踵而来。"

遇到不如意的事情就勃然大怒，不过是宣泄自己的不满情绪而已，绝不会帮助自己解决问题，或是走出困境。

某企业的一个市场调查科科长，因为提供了错误的市场信息而造成了企业的重大损失。犯了这样严重的错误，毫无疑问，企业总经理可以不问理由地对他进行斥责，甚至撤职。

但是，这位怒上心头的总经理还是忍了忍，他想，得先了解一下：到底是这位科长本身不称职而听信了错误信息呢，还是由于不可预料的原因导致的？

于是，这位经理压下了心中的怒火，只是心平气和地把科长叫来，叫他把判断失误的原因写一个报告交上来。

事情就这样拖了一段时间，几个月之后，这家公司因为这位市场调查科科长提供的信息极为准确而饱赚了一笔。

于是，总经理又叫人把那个科长请来，说：“你上次的报告我看了，你们的工作做得不太细致，有一定责任，但主要是不可预测的意外原因造成的，因此公司决定免除对你的处罚，你也就不要把它放在心上，只要以后吸取教训就行了。这一次，你做得不错，为公司提供了重要信息，我们仍然一样地表扬你。”

说完之后，总经理随即从办公桌里拿出一个红包递给他，这个科长接过来时，不禁眼眶泛红。

俄国文豪屠格涅夫曾经说道：“开口之前，应该先把舌头在嘴里转十个圈。”

因此，千万要切记，在开口之前，一定要了解事实，在心里问一下自己：“我不会搞错吗？”

否则，乱指责人，不仅落了个坏名声，事后还得向别人赔礼道歉。

然而，就算是你能放下架子，坦率地向人家说：“对不起，是我弄错了。”对方所受的伤害和内心对你的憎恶，却很难一下子就冰释。

如果你了解某个错误确实是某人犯的，也还要进一步调查和思考：这个人该承担多大的责任？错误的原因是不可避免的，是一时的疏忽，还是责任心不强，甚至是明知故犯？

因此，你一定要管好自己的口，要牢记一句话：“没有调查就没有发言权。”遇到问题时，先别忙着发怒和指责别人，而是先去了解情况。

这样一来，主动权就操纵在你的手里。你想在什么时候、采取什么方式对他，完全由你决定。

事不可尽言，话只能说三分

谚语说，逢人只说三分话。你也许以为大丈夫光明磊落，事情没有不可对人说的，何必只说三分话呢？细察老于世故的人，的确只说三分话，你一定认为他们狡猾，不诚实，我却以为说话须看对方是什么人。

对方如果不是可以尽言的人，你说三分真话，已不算少了，连孔夫子也说："不得其人而言，谓之失言。"对方如果不是相知的人，你也畅所欲言，以快一时，对方的反应是如何呢？你说的话，是属于你自己的事，对方是否愿意听你的呢？若你与对方关系浅薄，你却与他深谈，只显出你没有修养而已。你若不是他的诤友，就不配与他深谈，忠言逆耳，只会显出你的冒昧，如果你不明白对方的立场如何，对方的主张如何，你偏高谈阔论，轻言更易招祸呢！

所以逢人只说三分话，不是不可说那七分话，而是不必说、不该说那七分话，这跟"事无不可对人言"并没有冲突。老于世故的人，是否事事都可以对人言，是另一问题，而他的只说三分话，是不必说、不该说的关系，绝不是不诚实，绝不是狡猾。

说话有三种限制，一是人，二是时，三是地。非其人，不必说；非其时，虽得其人，也不必说；得其人，得其时，而非其地，仍是不必说。非其人，你说三分真话，已是太多。得其人，而非其时，你说三分话，正给他一个暗示，看看他的反应如何。得其人，得其时，而非其地，你说三分话，正可引起他的注意。如有必要，不妨择地长谈，这叫做通达世故的人。

有时你的只说三分话，正可表现你的服务道德。做医生的人，或许可以对人提及普通病人的病情，对于患性病的病人，就绝对不该对人提及了，这是医生的服务道德。做银行业务的人，业务大概情形，或许可以对人提及，但对于存款人的姓名，你就绝对不该对人提及了，这是银行人员的服务道德。依此类推，只说三分话的例子多着呢！

你若不能遵守只说三分话的戒条，有时会闯出大祸，使你在精神和肉体上大受痛苦，一生也不会忘记。新中国成立前，曾有一位参加革命工作的青年，革命工作谁都知道有秘密性，这位青年也未尝不知道，而且他的行动，已引起对方的注意。有一天，他与一个泛泛之交的人闲谈，谈得很投机，便有相见恨晚的感慨，于是就把自己的行动、使命、主张，尽情透露出来，以期能得到一个新同志，谁知对方就是处在敌对地位的人，他马上据情报告，当晚这位青年便被抓去了，受尽折磨，即使“悔之晚矣”，也没有用了。

这件事更可证明，所谓逢人只说三分话之中的这三分话，还不在重要话之内，重要话是一分都说不得的。你所说的三分话，应该是风花雪月，应该是柴米油盐，应该是上天下地，应该是山海奇经，应该是稗官野史。总而言之，应该是无关紧要的材料，虽是说得头头是道，说得兴味淋漓，说得皆大欢喜，其实是言之无物，这就是“以聊合欢，以调海内”的方法。

别人愿意听，也要适可而止

生活中随处可见口若悬河的人，话匣子一打开就滔滔不绝，说得没完没了。显然，这样的人也会引起别人的反感。所以，说话也不是越多越好，要恰到好处，适可而止。关键时候，说到点子上，说到人心里，你就该适时地收起话头。

你应当注意，即使是一个很好的题材，朋友听了很感兴趣，但是说话时也要适可而止，不可无休无止，说个没完，否则会令人疲倦。说一个题材之后，应当停顿一下，让别人发言，若对方没有说话的意思，而整个局面由于你的发言而人心向你，这个时候仍必须由你来支持局面，那么，就必须要另找新鲜题材，如此才能引起大家的兴趣并维持其生动活跃的气氛。

在谈话当中，朋友的发言机会虽为你所操纵着，但是，在说话过程中，应容许别人说话，给别人说话的机会，更好的方法是找机会诱导别人说话。这样气氛更浓，大家的兴致更高，朋友之间也更融洽。当说到某一细节时，可征求别人对该问题的看法，或在某种情形时请他试述自己的见解，务必使对方不致呆听着，才不失为一个善于说话的人，不失为一个明智的人。

如果你的话题转了两三次，而别人仍没有将说话机会接过去的意思，或没有主动发言的能力，应该设法把谈话在适当的时候结束。即使你精神好，也应该让朋友休息。自己包办了大半个发言的机会，是不得已时才偶尔为之的方法，千万不要以为别人爱听你说话，就不管别人的兴趣与否随便说下去，那么，就是违背了说话艺术之道。

朋友间最好的谈话资本，是有朋友的话在里面。那种看来不爱说也不爱听的人，常常坐在一个角落里，吸着香烟，当他偶然听见另外一些人哄堂大笑时，也照例跟着一笑，但是，这种笑显然是敷衍的，因为那种笑容随即就收敛了。他的眼光已经移到窗外的墙壁上或者是其他的目标，这种人不会单独来看你。你要明白，这类人或因年纪小，或是学问兴趣较高，而时下在座的其他人比较市井俗气一点，谈天说地，问题无非是饮食男女、金钱美色，或出语俚俗，言不及义，使较有修养的人望而却步，所以，他才独自躲在一角。

对这种朋友只要你知其症结所在，你便可以在几句谈话中探得他的学问兴趣如何，然后再和他谈论下去，这样便很自然引开谈话内容。只要你恰当地提一些问题，就可以拥有一个增长你学识的机会，他见你谈吐不俗，在这举世混浊中，一定会引为知己，如此一来，僵局就打开了。

年纪较大或较小的一类，因年龄差距大，社会经历、生活经验不同，因而兴趣不同，趣味也无法相投，所以可以采用上述方法来打开话题。

事实上，不知节制，是最恶劣的说话习惯

没有准备的漫谈是一种不太容易克服的语言习惯。也许大多数人都对此有些同感。

那些担任企业行政主管职位的人几乎都认为：在商业场合中，最让人头痛的就是说话没有节制。

不知道有多少人的时光都因此被销蚀一空——浪费在那些信口开河、多余无聊的话题中去了。有一位工程顾问，他的任务是劝说制造商降低生产成本。他发现，有时只用两滴胶水就可以粘好的东西，而人们往往要用五滴以至更多的胶水。这种浪费不仅会导致工厂的生产费用增加，而且还需要工人们花费更多的时间去把多余的胶水擦掉。

同样，谈话也往往会有多余之处，一个字就可以说明白的话偏偏要用上整整一段话。

特别是那些儿女已经长大成人，空闲时间开始越来越多的女人，她们说话时不惜在种种细枝末节上花费大量的口舌，投入无数的光阴，而这些话只有理发师或者美甲师才会去听——也许是因为付给他们的报酬就包括这么一项吧。

“振强，”张太太说，“我记得你上次打电话是在礼拜二的中午11点，因为就在接你的电话前，胡太太来向我借过面粉。我记得清楚极了，因为她当时穿了一件粉红色的、缀着蓝色纽扣的衣服，脚上穿着一双平跟咖啡色皮鞋……”

希望这位张太太的言谈不会让你联想到自己。如果你说话的目的是要告诉别人一件事，那就直截了当地说出来，不必扯得太远。

“如果你发现自己就有信口开河的习惯，不妨想象你是在花高价打国际长途电话。”这是一位专家告诉我的，你不妨试一试。或许会有神奇的效果。

实战指南：交谈七要素

与人交谈有七点要素尤为重要。主要包括如下几方面：

一、端正态度，尊重对方

与人交谈，首先要态度端正，否则就会引起别人的反感，思想上一旦形成鸿沟，交谈就很难进行。其次要尊重对方，不要妄自尊大，盛气凌人；不要自以为是，武断专横；不要虚情假意，恭维奉承。

只有这样，大家才能和谐融洽地相处，推心置腹地交谈。

二、全神贯注，适时发言

不要打断别人的发言，要让对方尽情地讲，你要全神贯注地听。即使你不同意人家的看法，也不可匆忙打断，要等对方讲完再阐明你的意见。要善于听讲，要分析话中之音，做到既明白对方谈话何时达到高潮，又知道对方言谈何时接近尾声。这样，你的发言才能适时、稳妥。

三、跟上节拍，把握火候

当话题几分钟以前已由乒乓球赛转到篮球赛，如果你再谈乒乓球赛，显然就跟不上谈话节拍；而当大家正兴致勃勃地谈论篮球赛，你又把排球赛也塞进来，显然是不识“火候”；当大家正评论球类比赛，你却谈起飞机、大炮一类风马牛不相及的东西，显然是离题太远，那只会使人啼笑皆非。密切注视谈话进行的情况，要把注意力始终集中在正谈论的东西上。只要头脑清醒、目光敏锐，跟上谈话的“节拍”，就不会出现尴尬局面。

四、“听”“讲”认真，心领神会

交谈，是一种有来有往、相互交流思想感情的双边或多边活动。参与谈话的人，不仅要认真“听”，还要认真“讲”。听人说话，要做到聚精会神，心领神会，切不可漫不经心。与此同时，还要做出积极反应，有什么想法和感受，通过点头、微笑、手势、体态等不同方式随时表露出来；不要消极活动，呆头呆脑，无动于衷。全神贯注地听，仅是交谈中的一个方面。谈，在某种意义上说，显得更为重要。谈的方式多种多样，你可采用任何一种：直截了当地陈述事实，提出问题，发表看法；委婉地表示不同意见，进行评论。这些方式都能使谈话顺利进行。

五、中心突出，不偏不离

交谈中心突出，不要偏离话题。当大家正议论新发明的特效药，切不要因听到有人谈你姐姐如何服用此药而得救，你便滔滔不绝地讲起你姐姐如何如何，或讲她服用了其他什么药治愈了感冒。如果这样做，那就是不知不觉地偏离了谈话的主题。话题一偏，说话效果必然大大降低。

六、审时度势，调转话题

话题的转变，在交谈中占有十分重要的位置。

当大家对某事似乎已详尽谈论，感到兴致索然时，就要立即转换话题。转变的方式很多，让旧话题自然消失就是其一。另一种方式，就是重提刚议论的事情，然后迅速更换话题。改变话题，要注意“火候”，既不能太迟，又不宜过早。当话题仍然引人入胜时，切不要因你感到索然无味，就谈别的东西，并强迫他人跟着你转。

七、积极主动，有错就改

与人谈话，失言总是难免的，特别是在心情过于激动时，更容易发生。由于一时忘记了别人的禁忌，忽略了他人的生理缺陷，忘掉了某人的不幸，有伤人家感情的话语，有损人家尊严的言辞，有失人家体面的言论，都可能出现。一旦失言，就要视具体情况，采取应急措施，进行弥补。如果接近失言的危险边缘，要竭尽全力迅速摆脱，这时特别需要冷静沉着，莫要惊慌失措，更不要大喊大叫向人家赔礼道歉。若他人失言，则要保持宽容，并积极主动地圆场。

第四章

讲话不生气的公式：和气讲理

和气讲话 + 客气讲理 = 不生气

讲话最重要的一个原则就是：心平气和。有的人开口外带三分气，而有的人，总是和颜悦色，说起话来让人很舒服。事实上，只要一生气，你就输了一半。即便是出于某种原因，别人想激怒你，你也应该把心态放平稳，有话好好说。只有把控了情绪，才能把控生命的轨迹，才能把控未来。只有不生气，只有以平和纯净的心态说话与做事，才能最大限度地挖掘自身潜力，发挥出自身的智慧，幸福地生活，更好地走向成功。

心态平和，客气在先话好说

人与人正常交流和沟通，心态非常重要。有的人容易激动，一说起话来就带着情绪。有的人比较沉稳，不仅彬彬有礼，且心态平和。显然，后一种人的做法是最明智的。

《诗经》说："相鼠有皮，人而无礼，人而无礼，不死故为！" 俗语说：油多菜不坏，礼多人不怪。此乃人之常情。人在社会上，要多结人缘少结怨，而多礼便是一件必要的工具。礼是人为的，是后天的，必须用心去学习，学习使人成为习惯。如此，多礼便能行无所事了。

学者陈先生是以多礼出名的人，他见人必先招呼，招呼必先鞠躬，对朋友如此，对学生也是如此，说话轻而和气，点头不断，笑容不掬，跟随他学习多年的学生，也从未见他有过一次声色俱厉。你如到他家里或办公室里，请他写字，他虽写得一手很好的书法，还是十分谦虚，请你坐下来谈，你若不坐，他也始终站着。无论是谁，一与陈先生相交，便如饮醇醴无不心醉，所以他的人缘特别好，凡是他的学生，一见他来，立即鞠躬，站立一旁等他过，这不是怕他，而是敬他。对别人有礼有节，别人也同样会以礼节来回报你。

阿里森是美国一家电器公司的营销主管。有一次，他到一家不久前新发展的客户那里去，想把一批新型电机推销出去。当他刚到这家公司，总工程师就劈头盖脸地说了他一顿："阿里森，难道你还指望我们多买你的几台电机吗？"

这句话把阿里森弄糊涂了，经过一番了解，原来这家公司通过使用，认为从阿里森那里购买的电动机发热超过正常标准。阿里森心里明白，如果与总工程师强行争辩到底，是没有任何好处的，所以，他决定用一种说服方法说服对方：即决意取得对方做出一系列"是"的反应和具有较高认同姿态。

阿里森把情况彻底了解一遍后，先故意询问总工程师："好吧，尊敬的先生，您的意见我是认同的，假如那些电动机发热过高，别说再买，即使是买了的也要退货，对吗？"

总工程师的反应果然如阿里森所料，"是的！"

"自然，电动机是会发热的，但您就是不希望他的热度超过规定的标准，是不是？"

"是的"。总工程师又一次肯定地回答"是的"。

然后，阿里森认为已经到了时机，就开始对具体的问题进行讨论了。他接着问道："按标准，电动机的温度可以比室温高72华氏度是吗？"

"是的"，总工程师又说，"但你们的产品却比这高得很多，那温度高得简直叫人没有办法伸出手去摸，你说，这难道不是事实吗？"

由于他掌握了足够的事实，阿里森并不打算与他争辩，反问说："你们车间的温度是多少？"

总工程师稍微考虑了一下说："大约是75华氏度。"

听完总工程师的回答，阿里森兴奋起来，拍拍对方的肩膀说："好极了！车间温度是75华氏度加上应有的72华氏度，一共是147华氏度左右。如果把你的手放进147华氏度的热水里，手是不是会被烫伤呢？"

总工程师虽然不情愿，但也不得不点头称是。

阿里森接着说："那么，以后你就不要用手去摸电动机了，请您放心，这种情况是完全正常的。"

谈判结束了，阿里森以理服人，消除了对方对其产品的偏见，而且又谈成了一笔生意。

其实，阿里森开始所问的问题，都是对方一定赞成的。在他一系列机智而巧妙的发问中，获得对方无数"是"的反应。在此过程中，一开始说"是"字，使整个谈话过程都趋向于肯定的一面，这是说服双方必需的心理，也便于情绪轻松，使整个说服过程保持和谐的气氛，相反，说"不"字则容易造成情绪对立，致使谈判者全身组织紧张并聚集在一起，这会形成一种拒绝的状态。因此，在对人说理的时候，尽量在一开始就不让他反对，这一点对谈话的最终结果是非常有利的。

多礼必须诚恳，因为虚伪会使人讨厌。能诚恳，才能恭敬；能恭敬，才是真正的礼貌。俗话说：人熟礼不熟，这就表示，即便对于熟人，也要有礼貌。“晏平仲善与人交，久而敬之。”我们认为晏子所以能够被别人久而敬之，他必先对人能够久敬，才能得到别人的久敬。久而敬之是指双方面而言，并且，更须先由每一个人自身开始。

态度真诚，错了就说对不起

道歉不仅仅是认错，更是一个人勇于承担、良好修养的体现。

与人交往，难免说错话、做错事，也就难免得罪人，有时甚至给人家带来精神上的巨大痛苦和经济上的巨大损失。对此，若是能及时认识到自己的错误，诚恳地向人家道歉，并主动承担责任，一般情况下，总是能得到别人原谅的。

倘若你发现自己错了，又不能及时向别人道歉，甚至千方百计找借口为自己辩解，其结果不仅得不到别人的谅解，相反，还会受到道德上的谴责和人格、形象上的损害，使你失去朋友、失去友谊。因此，任何人都不能小看了道歉的作用。

简单地说，道歉必须掌握两个原则：一是要诚恳，二是要及时。及时而诚恳的道歉有以下几种方式：

1. 表示有所醒悟，希望得到谅解

三国时，公孙渊在辽东割据，害怕曹操征讨，就给孙权写信要归顺东吴。孙权决定派军队带着钱财去支援他，并封公孙渊为燕王。大臣张昭认为公孙渊不可靠，极力反对孙权这样做，两人因此发生了激烈的争执，孙权最后还是没有采纳他的意见。张昭一气之下，不去上朝，孙权也生了气，派人把张昭家的门给堵上了。张昭更不示弱，让家人在门里又堵上了一层。后来，公孙渊杀了孙权派去的人，孙权这才认识到张昭的意见是对的，于是几次到张昭家去认错，张昭就是不见他。

一次，孙权又来到张昭家门口，高声喊张昭的名字，张昭仍卧床不起。孙权派人烧他的门，本意是想逼张昭出来，但张昭却让人把窗户也关上了。孙权一看，连忙让人把火扑灭，自己一直在张昭的门前站着。

后来，经过儿子的劝说，张昭终于露了面，孙权一看，非常高兴，赶紧把他让到自己车上，一路上自责不已，请张昭原谅。从此，君臣和好如初。

2. 表示摒弃前嫌，希望得到帮助

1754年，华盛顿还是一位上校，率领部下驻守在亚历山大市。有一次选举弗吉尼亚议会议员时，一名叫威廉·佩思的人反对华盛顿所支持的候选人。

据说，华盛顿与佩思在关于选举问题的某一点上发生了激烈的争论，他说了一些冒犯佩思的话。佩思把华盛顿一拳打倒在地。华盛顿的部下马上赶了过来，准备替他们的长官报仇。华盛顿当场予以阻止，并劝他们返回营地。

第二天一早，华盛顿给佩思送去一张便条，要求他尽快地到一家小酒店去。

佩思如约到来，他是准备来进行一场决斗的，令他感到惊奇的是，他看到的不是手枪而是酒杯。

“佩思先生，”华盛顿说，“犯错误乃人之常情，纠正错误是件光荣的事。我相信昨天我是不对的，你已经在某种程度上得到了满足。如果你认为到此可以解决的话，那么请握我的手——让我们交朋友吧。”

从此以后，佩思便成了一个热烈拥护华盛顿的人。

3. 表示承担责任，希望得到理解

20世纪50年代，民主德国总理来中国访问，拟签中德友好互助条约。按照国际惯例，这一消息的发布要在双方约定的时间同时进行。然而由于记者的疏忽，在条约未签订时，就提前发了消息。周恩来总理看到报纸，立即打电话向已到外地访问的民主德国总理表示歉意。

当天下午他把有关领导和记者请到办公室开会。在了解问题发生的经过后，他说：“我只在国务会议上提醒记者暂不发表，却没在人大常委会上向记者交代，结果出了问题，这是我的疏忽。”然后，总理才对有关人员指出错误的性质、影响及各自应负的责任。周总理这种主动承担责任的道歉方法，使民主德国总理很受感动，并表示谅解。

真正的道歉并不只是认错、承认自己的言行破坏了彼此间的关系，而是要勇敢地为自己的过错承担责任。通过道歉表示你对这个错误十分重视，并希望重归于好，这样不仅可以弥补破裂了的关系，而且还可以增进感情。

做事沉稳，说话拿捏好分寸

说话要有分寸，分寸拿捏得好，很普通的一句话，也会平添几许分量。而说话的分寸取决于你谈话的对象、话题和语境等诸多因素。具体来说，包括：

1. 语言要精练

苏联文学家高尔基说，如果有个人说起话来废话连篇，这就说明他自己也不甚明了他说些什么。

只说一句话，不允许拐弯抹角，旁生枝节，必须抓住精髓，巧做对比，以求一语中的。

我国著名新闻记者、政治家、出版家邹韬奋先生于1936年10月19日在上海各界公祭鲁迅先生大会上发表了一句话演讲：“今天天色不早，我愿用一句话来纪念先生：许多人是不战而屈，鲁迅先生是战而不屈。”

邹韬奋先生演讲的这一句话，在当时被人们誉为最具特色的演讲。

透过这一句话的演讲，我们分明感受到其中蕴含的丰富内容——既有对投降派的谴责，又有对鲁迅先生“横眉冷对千夫指”，勇敢战斗，决不屈服的可贵品格的赞颂。

2. 语气要适当

说话是人们交流信息、传情达意的一个重要手段。它所表达的意义是通过人们对其发音器官的有意识控制和使用而表现出来的。这种控制和使用的一个重要对象便是说话的声和气。恰到好处地使用声和气不仅能充分地表达说话的意图和情感，而且还能使说话生气勃勃，充满艺术的感染力。

选择用怎样的语气谈话取决于所处的场合、谈话对象、谈话内容、谈话目的等各种因素，需要具体问题具体分析。但事前意识到讲话语气的作用对谈话目的的达成是大有裨益的。

3. 要以听众为中心

有些人说起话来喜欢滔滔不绝，不给人插话或回应的机会，时间长了就会使人生厌。好的表述者未必是个好的沟通者，而沟通是表达的主要目的，所以要尽量避免单向的沟通。

当然，要做到看准对象有的放矢，就要求说话的人做到：在交谈形式上，应该根据不同的人，做具体的分析，围绕中心内容，尽量考虑年龄差异，区别对待。对少年儿童就应用平易近人、幽默风趣、循循善诱的语言；对中青年人应用有逻辑、有哲理的语言；对老年人应用含蓄、委婉的语言。在交谈的态度上，对老年人应该是尊敬而谦逊的；对年龄相仿的人就要以平等的姿态进行交流，随意一些；而对少年就要关切、体贴；对异性要诚恳、大方。此外，还要注意选择不同的时间、地点进行交流。总之，一切以对象为中心。

4. 要善于以情理服人

有的人说话带有明显的目的性，如说服、劝解、抚慰、交心、解释等。为了达到目的，最有效的手段就是以情理服人，做到入情入理，才会有效。在人际交往中，人们彼此的情感是相互作用与影响的，只有情相通，心相近，所说的话才能在对方的心灵上产生共鸣，发挥作用。

5. 要有分寸

分寸拿捏得好，很普通的一句话，也会平添几许分量，话少又精到，给人感觉是经过深思熟虑的。而说话的分寸取决于你谈话的对象、话题和语境等诸多因素。换句话说，要言之有度。

有度的反面则是“失度”，什么叫做“失度”呢？一般说来，对人出言不逊，或当着众人之面揭人短处，或该说的没说，不该说的却都说了。这些都是“失度”的表现。下面我们就简要介绍一些在谈话中的禁忌话题，触及这些话题容易导致谈话“失度”，产生不良效果。

第一，健康状况。当然，如果是和十分亲密的人交谈，这种情况不在此列。

第二，有争议性的话题，除非很清楚对方立场，否则应避免谈到具有争论性的敏感话题，如宗教、党派等话题。

第三，他人隐私。包括年龄、东西的价钱、薪酬等话题不要触及，否则易引人反感。

第四，个人不幸。不要和别人提起他所遭受的伤害，如离婚或是家人去世等。若对方主动提起，则要表现出同情并聆听，切不可追问不休。

第五，不同品味的故事。一些有色的笑话在房间内说可能很有趣，但在大庭广众之下说，就容易引起他人的尴尬和反感。

在人际交往中，谈话要有分寸，认清自己的身份，适当考虑措辞。哪些话该说，哪些话不该说，应该怎样说才能获得更好的交谈效果，是谈话应注意的。同时还要注意讲话尽量客观，实事求是，不夸大其词，不断章取义。讲话尽量真诚、有善意，尽量不说刻薄挖苦别人的话，不说刺激伤害别人的话。

谦虚谨慎，有理也要让三分

有些人很自豪于自己的说理能力，很擅长在自己的谈话之中运用三段论法及辩证法，自以为所说的话是井然有序而且没有破绽。然而，经常把别人批评得体无完肤，周围的朋友往往也被批评得避之犹恐不及。这么一来，这种人就很难交到朋友。

世上有太多爱讲大道理的人，这当中自然不乏口才特别优秀的人。清晰的口齿、滔滔雄辩的口才，的确能够让人觉得英气焕发。实际上，这只是一种感觉，而不是具体的事实。对任何事都爱发表评议，是现代人常有的现象，并不是什么坏事，但这只不过是自己的感想罢了，还称不上是完整的见解与知识。

这种人大多喜欢以自己的一知半解强出风头，不过是“半桶水”的爱表现者，凡是善辩的人大多喜欢卖弄这种技术，结果形成了陶醉于自我而固执己见的性格，一心一意地想要扳倒对方，这样只会摧毁彼此的情谊。

古圣先贤教导我们要“谦虚为怀”，并告诫我们“满招损，谦受益”。要虚心听取不同意见，听取真正朋友的忠告。也可以在充分尊重对方人格的前提下提出自己的见解供其参考，不要遇事好为人师，弄得他人无所适从。

然而，过度谦虚又会形成另一种自我表现，也就是说，过度谦虚所产生的影响和自大夸张一样。在有些情况下，过度谦虚反而会让人感到不真诚。因此，有的时候说话要保证自己足够的底气，说话时要大胆表达。

假如你认为自己不善于表达，也请不要为此烦恼，这是很正常的，你并不比别人迟钝，世界上哪有天生就辩才无碍的人呢？如果真有的话，那他不是天才，就是个爱出风头、思虑不周的人。

所有的人一开始都无法在众人面前畅所欲言，但是后来，有的人能成为著名的雄辩家、演说家，有的人却还停留在原地毫无进步。那些成功的人，大多能冷静地分析出自己的缺点所在，知道有什么该加强。然后，诚心诚意地说出自己准备好的话，这样才能让听者感动并付之会心一笑。

有些肤浅的想法，经常会成为自己表达的绊脚石。真正的秘诀是，在上台说话之前告诉自己："我就照这个方法说吧！"下定决心之后，你就可以很轻松地说出来。很多时候我们只需要一点点的勇气和一点点的决断，而不是懦弱地站在那里，不知道该往何处走。

来到一个陌生的环境，遇见一群陌生的人，用什么态度去面对完全取决于你自己，那何不充满勇气，放手一搏呢？想想最坏的结果又能怎么样呢？

如果你能和任何人连续谈上十分钟并使对方发生兴趣，你便是很好的交际人物了。因为"任何人"这个范围是很广的，他也许是个工程师，也许是个法学家，或者是个教师，或者是个艺术家，或者是个打石工人。总之，无论三教九流，各种阶层的人物，你若能和他谈上十分钟使他还有兴趣的话，真是不容易。不过不论难易，我们总不能不设法打通这难关，常见许多人因为对于对方毫无认识而相对默然，这是很痛苦的。其实如果肯略下工夫，这种不幸情形就可减少，甚至于做个不错的交际家也并非难事。“工欲善其事，必先利其器”，这虽是一句老话，直到现在仍然适用，首先要充实你自己的知识。

当然不能希望一个胸无点墨的人应对自如。学问是一个利器，有了这利器，一切皆可迎刃而解。你虽不能对各种专门学问皆做精湛的研究，但是常识却是必须具备的。具备了一般的常识，再巧妙地运用起来，那么和任何人兴致勃勃地谈十分钟都是不难的。你须多读书多看报，世界的动向、国内的建设情形、科学界的新发明和新发现、世界各地的地方特点或人物的特性，以及艺术新作、时髦服饰、电影戏剧作品的内容等，皆可从每日的报章和每月的杂志中看到。诚能如是，并灵活运用，则应付各种人物，都会游刃有余。

尊重他人，让人感到你的尊重

无论任何一种言语交流，彼此尊重都是最重要的前提。只有在相互尊重的基础上，双方才能达成共识，才能使交谈或谈判朝着有利于自己的方向进行。

事实上，与那种遮遮掩掩、隐瞒自己真实感受和想法的态度相比，人们更尊重那种毫不含糊的回绝。同时，你也会从这种爽快的回答中，感到自信又回到了自己心中。欲言又止、支支吾吾的态度，只会给人造成“误解”。干脆地表明自己的否定态度，会使人立刻对你刮目相看。

美国有位总统，有次批评他的女秘书：“你这件衣服很漂亮，你真是一个迷人的小姐。只是我希望你打印文件时注意一下标点符号，让你打的文件像你一样可爱。”女秘书对这次批评印象非常深刻，从此打印文件很少出错。

身为美国总统，可算是世界上最有权势的人之一了，说话如此委婉、客气，这是他好修养好气度的体现。假如他换一种盛气凌人的口吻喝斥：“怎么搞的！连标点符号都搞不清楚，亏你还是名牌大学毕业的！”只能让对方反感，而达不到纠正对方错误的目的。

说话是一门艺术，这点毋庸置疑。所谓“良言一句三冬暖，恶语伤人六月寒”，有很多人说的话，立足点和出发点本来是不错的，但由于不注意说话艺术，却容易导致无谓的误解和争端。

人都是有自尊的，渴望获得他人的尊重。我们要明白，大而言在社会阶层中，小而言在一个团队中，只有收入高低、分工不同的区别，但绝对没有人格的贵贱之分。扪心自问，我需要别人的理解和尊重吗？同样，这也正是别人都需要的。聪明的人就要先理解和尊重别人。

有些人只要他人尊重自己，而自己却不尊重他人。如果你在与人交往时，无意中养成了这种不好的习惯，必遭众人厌恶。尊重他人是一个人的行为准则，是一个人在人际交往中的信誉形象，无论做任何事，不尊重他人，你在人们心目中的形象首先就会大打折扣，“官气”十足更令众人生厌。

人都有一定的自尊心，你要想别人尊重你，首先便要尊重别人。一个不尊重别人的人，是绝不会得到别人的尊重的。在人们的交往中，自己待人的态度往往决定了别人对我们的态度。就像一个人站在镜子前，你笑，镜子里的人也笑；你皱眉，镜子里的人也皱眉；你对着镜子大喊大叫，镜子里的人也冲你大喊大叫。所以，我们要获取他人的好感和尊重，就必须尊重他人。

要做到尊重他人，首先必须平等地对待每一个人，礼貌待人，主动热情。礼貌待人，要求用语礼貌，使用“请”“谢谢您”“对不起”等日常礼貌用语既是对别人的尊重也是对自己的尊重。还要举止得体，坐有坐相，站有站姿，不忸怩作态也不随意放肆。主动热情，要求在交往中表现出喜欢、赞美和关注他人的行为。同时，良好的卫生习惯也能给人留下深刻的印象。

心理学研究表明，人们交友和受尊重的希望都非常强烈。人们渴望自立，成为家庭和社会中真正的一员，平等地同他人进行沟通。如果你能以平等的姿态与人沟通，对方会觉得受到尊重，从而对你产生好感；相反，如果你自觉高人一等，居高临下、盛气凌人地与人沟通，对方会感到自尊受到了伤害而拒绝与你交往。那么，任何在你看来理所应当的大道理，在对方看来都会拒绝接受。

在沟通中，千万不要伤害对方的自尊，否则，受损失的一定是你自己。

一旦发生争执，尽快平复心情

人与人之间之所以会产生隔阂，多是因为利益冲突，没有充分站在对方的角度考虑问题。因而，发生争执也是再所难免。那么，如何规避争执情况的发生呢？最重要的一点就是说话时要会换位思考。

说任何话之前，我们要在脑海中替别人想一想。这样说出的话才不会引起矛盾和误会，也大体上不会犯错误了。

其实，生活中我们很多时候犯的错误往往来自只从自己的角度思考问题。为了避免这样的错误，就得学会换位思考，并在此基础上调整行为的方式。换位思考就是完全转换到对方的角度思考，从而更理解人、宽容人，就是要求在观察处理问题，做思想工作的过程中，把自己摆放在对方的角度，对事物进行再认识、再把握，以便得到更准确的判断，使说出的话能真正说到别人的心窝里。

即使是最没本事的人，在责备别人时往往也能够大发议论；即使是最聪明的人，在对待自己缺陷时也往往糊涂。我们只要经常用指责别人的态度来要求自己，用宽恕自己的心思去对待别人，怎么可能没有大进步呢？

仔细想来，生活中诸多不快、诸多矛盾的引发，未必都有多么复杂的理由，如果能够互相了解、互相理解，或许就根本不会发生。而换位思考就是达到互相理解的一种有效途径。

善于用事实说话。最容易引人注意，加深对方的印象，并使人不会忘记的，莫过于将实物展现在人的面前。无论我们是在提议或是在劝告，让事实说话总是能打动他人的最简单的办法。

米切尔本是每周领10美元薪水的办事员，他后来当上了美国最大的一家银行的董事长。

当他还是一家证券公司的主任时，常常有证券销售人员跑到他的办公室，抱怨没有人买证券。每当发生这种事时，他从来不争辩，只是说："把你的帽子戴上，我们一起出去吃点什么。"

于是，他就借机会领着抱怨的人登上一座高耸的建筑，站在窗口往下看。

米切尔说："仔细地看下去，那里有600万居民，他们的总收入有几十个亿。他们正等着有人到那里去告诉他们如何才能最好的利用他们的积蓄，好好看看吧。"

用这种方法，销售人员几乎无一例外地重新打起了精神。

米切尔的成功之处在于，他不只是用语言来鼓励那些意志消沉的销售人员，而是把事物都摆在他们面前，让他们用自己的耳朵听，用眼睛看，去分析事实的真相。

"建筑之王"希尔也曾用这一招成就了自己非凡的事业：

当年，希尔在承包已经破产的圣保罗城至太平洋沿岸的铁路公司时，急迫需要得到大银行家斯蒂芬的支持。

由于将要修筑的铁路将延伸到广袤偏僻的草原上，斯蒂芬觉得，这样荒凉的地方根本就没有办法运营铁路，他一点兴趣也没有。无论希尔费劲了唇舌，也始终不肯答应提供银行的贷款。

直到有一天，希尔将斯蒂芬拉上了一辆通往西部的火车，在终点站停下时，斯蒂芬改变了想法。

原来，火车的终点站四周聚集了很多人，由于火车行到这里就结束了，各种运输车辆把小路挤得满满的。

看到这么多的人，斯蒂芬兴奋起来，他可以想象出一幅到这里大移民的画面了。这时，他就变得非常友好，而且主动提出要与希尔合作了。

我们注意到，当一种观念进入人心很长时间后，外人是很难用话语将它改变的。这时，要想改变一个人对一件事的偏见，就要找到与他观念相悖的事实，自然而然地引入这个事实，并在时机成熟时阐释它，发挥它，使之真正成为你的有力证据。

某集团总裁钱先生约见新技术总监方女士时，了解到她的顾虑：方女士刚从国外回来，因为自己没有背景，又是年轻女性，担心受到歧视。为了打消方女士的顾虑，总裁钱先生请了三个人作陪，一位是经理张小姐，一位是宣传部庄女士，另一位是总裁太太的侄女儿。为什么请这三个人呢？因为她们都是从国外留学回来的。钱先生先介绍三位陪客，然后讲了公司的制度，讲男女员工的平等地位，不会受到歧视。如果没有三位女士在场，以事实作证，方女士未必会相信钱先生，未必会消除偏见，打消顾虑。

总之，要想赢得他人的注意，获得他人的信任，最简单的方法就是把实物摆在他人面前。对于普通人来说，眼见为实最能让人信服。在说服的过程中尽量提供一些实物，聪明人常用这种方法。

实战指南：讲话七忌

日常讲话有下面的七个忌讳：

一、套话太多

有些人喜欢在交谈中使用太多的或不必要的套话，这些套话一是无实际内容，二是空洞乏味，让人听起来极为不舒服。例如：

一些人喜欢什么地方都加上一句“自然啦”或“当然啦”一类词句；另一些人则喜欢加太多的“坦白地说”“老实说”一类的套语；也有人喜欢老问别人“你明白了吗”或“你听清楚了吗”；还有的人喜欢老说“你说是不是”或“你觉得怎么样”，如此等等。像这一类毛病，你自己可能一点不觉得，要克服这类毛病，最好的办法是请你的朋友时刻提醒你。

二、口齿不清

有些人谈话本来很好，但是在他们的言语之间掺上了许多无意义的杂音。他们的鼻子总是一哼一哼地响着，或者是喉咙里好像老是不畅通似的轻轻地咳着，要不就是在每句话开头用一个拖长的“唉”，像怕人听不清楚似的。这些毛病，只要自己有决心，是可以改掉的。

三、把谚语挂在嘴边

谚语本来是诙谐而有说服力的话，但谚语太多也不好。用谚语太多，往往会给别人造成油腔滑调、哗众取宠的感觉，不仅无助于增强说服力，反而使听者觉得反感。谚语只有在恰当的地方才能使谈话生动有力。在使用谚语时，我们应尽可能使其恰当而有必要。

四、滥用流行的字句

有些人为了表示自己超前，往往把某些流行的字句，不加选择地乱用一番。例如，“××王”这个词就被滥用了，什么东西都牵强加上“王”，如“短信王”“原声王”……这“王”那“王”，使人感到莫名其妙，不知所云。

五、总用一个词

有些人不知是因为偷懒，不肯开动脑筋找更恰当的字眼，还是有其他方面的原因，特别喜欢用一个字或词来表达各种各样的意思，不管这个字或词本身是否有那么多的含义。

例如，许多人喜欢用“伟大”这个词。在他的言谈中，什么东西都伟大起来了。“你真太伟大了”，“这盆花太伟大了”，“今天吃一餐伟大的午饭”，“这批货物卖了一个伟大的价钱”，等等，给别人一种华而不实的印象。因此，我们要尽可能地多记一些词汇，使自己的表达尽可能准确而又多样化。

六、说话琐碎

许多人在谈话过程中琐碎得令人讨厌。例如，讲述自己的经历本来是最容易讲得生动、精彩的，很多人也喜欢听别人讲其亲身经历。但是，许多人讲自己经历的时候，一味地不分主次地平铺直叙，觉得自己所经历的，样样都有味道，都有讲一讲的必要，结果反而使听者茫然无头绪，杂乱无章，索然无味。讲经历或故事，要善于抓重点，善于了解听者的兴趣放在哪一点上，少用对话。在重要的关节上讲得尽可能详细一些。其他地方，用一两句话交代过去就算了。

七、夸大事实

夸张的手法有一种引人注意的效果。不过，我们不能把夸张的手法用得太过分，否则，别人就不会相信你的话。在现实生活中，不可能每次说的都是“非常重要”的消息，也不可能每次都讲“最动人的”故事、“最可笑的”笑话，因此，不要到处用“非常”“最”“极”等字眼，否则，当你在无数的“最”中有一个真正的“最”时，又怎样表示呢？难道你能说“这件事对我是最最重要的”吗？如果你真这样说，别人听了也会无动于衷，因为他们认为你是一向喜欢夸大的人。

除了上述七点之外，我们还应该注意自己在谈话中的声调、手势、面部表情等方面，努力使各个方面协调、得体。这样，我们就能大大增强自己说话的吸引力。

第五章

讲话不强制的公式：轻松说服

态度亲和 + 情感说服 = 不强制

生活中随处可见说话比较“冲”的人，这种人总是以一副咄咄逼人的架势、唯我独尊的姿态示人，这就是强制说话的典型表现。人与人之间的沟通其实就是谁能说服谁谁就能争取主动权、就能达到目的的过程。想要有理有据地说服别人，让别人按照自己的心意去做事，就要把话说到点子上，动之以情晓之以理，让对方感到你的尊敬和善意，而不是采用强制手段迫使别人遵从。只有把话说到对方的心里，你才会达到良好沟通的目的。

多说“我们”，少说“我”

“我”在英文中本来是个头最瘦小的字，千万不要把它变成自己语言中个头最大的字。请学学苏格拉底，不说“我想”，而说“你看呢？”

在一个园艺俱乐部的聚会中，有位先生在3分钟的时间里，用了36个“我”。不是说“我……”，就是说“我的……”“我的花园……我的篱笆……我的花木……”。

结果，他的一位熟人后来走过去对他说：“真遗憾！你失去了妻子。”

“失去了妻子？”他吃了一惊，“没有！她好好的啊！”

“是吗？那么，难道她和你提到的花园一点关系都没有吗？”

由此可见，一个独霸谈话，张口闭口都是“我”的人是很令人讨厌的。

莎士比亚剧中的独白的确精彩绝伦，表演的时候，演员可以在台上滔滔不绝地独自倾吐衷肠。然而，这对生活于现实中的人来说却是行不通的。独霸谈话的人不喜欢打趣，不喜欢讲故事，除了他自己的观点之外，再没有什么别的想法。如果别人试图插嘴打断他，他会对你说：“是啊，我的孩子。”接着马上又转回来说：“可是……”

独霸谈话是对自己的放纵，这种人对于听众的叹息、迷惘、否定，以及其他任何话题都无动于衷，不予理睬。然而可悲的是，他们这种自我陶醉往往总是他们自己的单相思。

谈话者必须像汽车司机一样随时注意红绿灯。对于他来说，一方面是听众愉快、专心、赞同的信号，另一方面则是厌恶、烦躁、否定的信号。如果他没有注意红灯，还继续接着往下说，他终究会发现使他谈话失败的正是他自己。也许听众张开嘴巴有时完全是因为听得兴奋，而并不是想插嘴打断你，即使如此，你还是不能忘记红绿灯。让别人先走一步，你自己并不会损失什么。如果听众真的被你的机敏与才智所吸引，他们会不断亮出“说下去”的绿灯。

有些爱开玩笑的人也是如此，尽管他们的玩笑并不精彩，可他们还是被一股奇特的冲动所驱使，总是想说笑话，其实这种人自己正是真正扼杀谈话效果的人。

生活中我们时常见到这类人，他们无论走到哪里，无论在什么场合都能游刃有余，与别人打成一片。自古以来，有很多名家在讲话时与听众打成一片，譬如当他举起拳头时，成千上万的听众也同样举起拳头附和着。

他们为什么会与听众紧密地结合在一起呢？其秘诀在于他们所使用的言辞和所持的态度，深深地吸引了听众。为了达到这一目的，他们在讲话时更是频频使用“我们”“我们大家”等字眼，以表示这些内容与众人息息相关。所以只需简单的几句，即可笼络大众的心，使人人都有“命运同一”的意识。

现代政治家也同样会使用类似的发言形式，如：

“我们要趁早将牛肉供给自由化，使大家能吃到廉价的牛肉，所以我们必须先维护我们共同的权利，以达到这一目的。”

这就使听者感觉到，这是我们大家共同的事情，并非某一个人的事情。这些人虽是使用了“我们”这一字眼，但他们或许是为了个人的利益，不过如此一来，至少在群众的感觉中是与他的切身利益有关的。

因为每个人的内心都存有或多或少潜在的“自我意识”，所以都不愿意受到他人的指使。如果他认为你是在为了自己的利益，就更不易向你妥协，即使你说得天花乱坠、头头是道，在他看来你只是在为你自己的个人利益而做的一场表演而已，更谈不上听取你的高见了。

如果此时你能使用到“我们”这一字眼，就会立刻使人认为你我利益一致，于是原本坚强的防御堡垒也终会倒塌，听众便会在不知不觉中上了你的圈套。对于自我意识强者，更可以利用这种方式使他就范。

尤其是男女的交往更需要注意，不可说“我和你”，而必须使用“我们俩人”，让对方更能产生你我一体的共同意识。

总而言之，自我意识人人有之，当你想说服他人时，千万别忘了使用“我们”这一字眼。

不妨说点受欢迎的“废话”

许多人低估了“废话”的价值，他们觉得“今天天气真好”和“吃过早饭了吗”这一类的话，都是无聊的废话，他们不喜欢谈，也不屑于谈，他们不知道像这一类看来好像没有意义的话，却是大有作用的。什么作用呢？就是为切入正题做铺垫。

当你想达成某个说话目的时，不妨以“废话”开场。这样，更容易拉近彼此的距离，从而使沟通交流更好地进行下去。

一般的交谈总是由“闲谈”开始的，说些看来好像没有什么意义的话，其实就是先使大家轻松一点、熟悉一点，营造一种有利于进一步交谈的气氛。

中国有个词语叫“聊天”，当交谈开始的时候，我们不妨谈谈天气，而天气几乎是中外人士最常用的普遍的话题。天气对于人生活的影响太大了，天气很好，不妨同声赞美；天气太热，也不妨交换一下彼此的苦恼；如果有什么台风、暴雨或是季节性流行病的消息，更值得拿出来谈谈，因为那是人人都关心的。

谈话的开头相当重要，所以最好从无关紧要之事说起。当你面对着各式各样的场合，面对着各式各样的人物，要能做到恰到好处，实在不是一件容易的事。倘若交谈开头不好，就不能继续发展你们之间的交往，而且还会使得对方感到不快，给对方留下不好的印象。

自然，亲切有礼、言辞得体是最重要的，然而做到这一点，也不能说就一定会收到良好的效果。

因此，平时除了你最关心、最感兴趣的话题之外，你要多储备一些和别人“闲谈”的资料。这些资料往往应轻松、有趣，容易引起别人的注意。

除了天气之外，常用的闲谈资料还有以下几方面：

1. 热点新闻

假使你有一些特有的新闻或特殊的意见和看法，那足可以把一批听众吸引在你的周围。

2. 居家常识

关于每个家庭里需要知道的各方面的知识，如儿童教育、购物经验、夫妇之间怎样相处、亲友之间的交际应酬、家庭布置……这一切，也会使多数人产生兴趣，特别对于家庭主妇们。

3. 关于自己的一些无伤大雅的笑话

例如，语言上的误会，或是办事摆了乌龙等，这一类的笑话，多数人都爱听。如果把别人闹的笑话拿出来讲，固然也可以得到同样的效果，但对于那个闹笑话的人，就未免有点不敬。讲自己闹过的笑话，开开自己的玩笑，除去能够博人一笑之外，还会使人觉得自己为人随和，容易相处。

4. 保健与医疗

这也是人人都有兴趣的话题。谈谈新发明的药品，介绍著名的医生，对流行病的医疗护理，自己或亲友养病的经验，怎样可以延年益寿，怎样可以增加体重，怎样可以减肥……这一类的话题，不但能吸引人的注意，而且对人也有很大的好处。特别是遇到自身或家人健康有问题的人的时候，假如你能向他提供有价值的意见，那他更是会对你非常感激的。事实上，有哪一个人、哪一个家庭没有这方面的问题呢？

5. 搞笑的段子

笑话人人爱听，假如你储备了大量各式各样的搞笑段子，又能在恰当的时机抛出，那你恐怕就是最受人欢迎的人了。

6. 历险故事

自己或朋友亲身经历的惊险故事，最能引起别人的注意。人们的生活常常是平静的，每天大家照常吃饭，照常睡觉，可是忽然大祸临头了，或是路上遭遇到很多危险……怎样应付这些不平常的局面，怎样机智地或是幸运地在间不容发的时候死里逃生，都是一个人永远不会漠视的题材。

7. 运动与休闲

夏天谈游泳，冬天谈溜冰，其他如足球、羽毛球、篮球、乒乓球，都能引起人们普遍的兴趣。娱乐方面像盆栽、集邮、钓鱼、看电影，什么地方可以吃到著名的食品，怎样安排假期……这些都是一般人非常感兴趣的话题。

当然，如下这些话题，诸如狗、孩子、食物和菜谱、自己的健康、足球和其他体育运动或者家庭纠纷之类，并不是所有时候都受欢迎，特别是当对方时间紧迫的时候，人们并不真正愿意听你的高谈阔论。如果继续对这些话题喋喋不休，就会像写文章跑题一样，让人厌烦。

总之，闲谈的话题很广泛，但要选择双方都能接受并愿意听的话题，这样才能畅通无阻地沟通，进而达到说服的目的。

先给对方安全感，让其动心

人在轻松、随便的气氛中，容易表现出真正的自我。

有位摄影大师说：为拍好孩子的照片，捕捉其天真烂漫的丰富表情，拍摄应选在孩子心理放松、自然的状态下进行。面对“一本正经”，摆好姿态准备照相的孩子，他必定先说：好，拍完了！等孩子紧张的心理状态变得轻松，去掉做作笑容的一刹那，他按下快门。如此摄下的照片，就充分表现出儿童那种天使般纯真，充分自由的内心世界。

这位国际一流摄影师，正因为他善于准确及时地掌握模特儿的心理，才能在摄影方面获得很高的成就。

在一些比较正式、讲究的场合中，人们都不免有某种程度的拘束感，在这种拘束感的作用下，人们的举止、表情就有些装模作样，一旦转换到非正式的场面中，人们又会变得轻松自然起来。了解人的这种心理特点，因势利导，就容易使人展露其内心世界，谈笑自若，表情自如。同样，小孩子在面对摄影师的摄影机时，其天真烂漫之表情就会瞬间消失，但一旦听到摄影完毕时，孩子的心理紧张感立即消除，恢复自然。

从正式的场合突然转到非正式场合，人们就会如释重负，自由感油然而生，我们如果运用某种技巧，将人类的这种心理变化加以适当调动，那么，我们就能够轻而易举地得知他人的心里话。

笔者曾经参加过某杂志社所举办的座谈会，会议刚一开始，主持人先叙述要点，然后说：“我前面讲的几点，是本次会议的中心，围绕这几点，大家可展开自由讨论。”这样一来，会场气氛松弛了不少，接着，大家便天南地北，海阔天空地讲开了。在这次会议中，我听到了许多精辟的见解，这些见解比在其他正式场合的发言更具有真实性。后来，我买了一份这家杂志社出版发行的杂志，使我非常吃惊的是，那次自由言论，全部刊载在上面。此时，我才清醒地意识到，在那次的座谈会上，我们全都被骗了。

笔者曾听一位税务人员介绍，要对付那些顽固不化的偷税漏税者，最好的办法是先约请其经营主管出席会议。当然，在这种会谈中，要听取逃税者的真心话是不可能的，在这种场合中，他们会闭口不言，守口如瓶。然而，等到谈话结束之后，将其经营主管请至自己家中，一边喝茶，一边亲切交谈，当你以泰然自若的态度说：“贵公司贩卖的某某画家的画，确实惟妙惟肖，非常逼真。”这时，这位经营主管就随意回答说：“坦白地对你说，这些是真正的货真价实的名画，并非仿制，因此价格昂贵。”在这种气氛中，这位主管不知不觉中就轻易地透露了偷税的重要证据。

朱元璋做了皇帝之后，他从前的一位穷朋友从乡下赶来找他：“我主万岁！当年微臣随驾扫荡庐州府，打破罐州城，汤元帅在逃，拿住豆将军，红孩儿当关，多亏菜将军。”朱元璋听他说得好听，心里很高兴。回想起来，也隐约记得他的话里像是包含了一些从前的事情，所以，就立刻封他做了大官。这个消息让另外一个穷朋友听见了，就也去了。和朱元璋一见面，他就直通通地说：“我主万岁！还记得吗？从前，你我都替人家看牛。有一天，我们在芦花荡里，把偷来的豆子放在瓦罐里煮着。还没等煮熟，大家就抢着吃，把罐子都打破了，撒下一地的豆子，汤都泼在泥地里。你只顾从地下满把地抓豆子吃，却不小心连红草叶子也送进嘴里。叶子梗在喉咙口，苦得你哭笑不得。还是我出的主意，叫你用青菜叶子放在嘴里一口吞下去，才把红草叶子带下肚子里去了……”朱元璋嫌他太不会顾全体面，等不得听完就连声大叫：“推出去斩了！推出去斩了！”

两个人说的是同一件事，可是因为说话的方式不同，就得到了截然不同的待遇。人们在社交生活的实践中，道理也是相同的。如何取悦你的谈话对象是很重要的原则，取悦你的谈话对象并不意味着一味趋附对方，而只是希望能够更好地达到交流的目的。

商量说，更能解决实际问题

如果你要人家遵照你的意思去做事，应该用商量的口气。譬如说：“你看这样做好不好呢？”假使你要你的秘书写一封信，把大意讲了以后，要再问一下：“你看这样写是不是妥善？”看了要修改的地方，又说道：“如果这样写，你看怎样？”你虽然站在发号施令的角度，可是要懂得别人是不爱听命令的，所以不应当用命令的口气。

在一个盛夏的中午，一群工人在休息，一位监工走上去把大家臭骂一顿，工人们害怕监工，当然立刻站起来去工作了。可是当监工一走，他们便又停手了。如果那位监工和颜悦色地说道：“朋友，现在这些工作很要紧，我们忍耐一下来赶一赶好吗？我们早早赶好了，早早回去洗一个澡休息，怎么样？”我想，工人们会一声不响地忍着暑热去工作。

另外一种情况是：听了对方说话之后，发现其中有一点自己不大同意，立刻就提出异议，而对方一听，就会以为自己的意见全被否定了，因此会很不高兴。在这种场合，我们一定要记得预先说明哪一点，或者哪几方面自己是完全同意的，然后指出自己与对方意见不同的只限于某一点。这样，对方很容易地就接受了你的批评或修正。无论你的意见和对方意见的距离多么远，冲突得多么厉害，我们都要表现出一切都可以商量，并且相信，无论怎样艰难，大家都可以得到比较接近的看法。

如果你想让一个人的工作方法有某些改变，或者想让他接受一种新思想，而这个人是那种非常固执的人，很难接受别人的建议，不管那种建议是如何好，他就是认为自己的思想是最有价值的。怎样才能使这种人改变原有的思想观念，按照你的思想方法做事呢?

美国密苏里州一家大电子产品制造公司的副经理凯利·瑞安说："我发现让一个人改变他的工作方法或者工作程序的最好办法，是让这个人认为这一切都是他自己想出来的。我让他对这种改变负有全部责任，我表彰他的主观能动性和预见性，他也相信那全都是他第一个想到的。这样对我们双方都有好处，他会感到自己的工作更重要、更安全，而生产效率也得到提高，这是我所期望的。但是，我也遇到过不大容易接受这种方法的人。拿我们的生产监督员为例吧，上星期五我对他说：'我认为如果我们把三号切割机搬到那边去，然后再加两个电动卷绕站的话，我们的生产速度还能提高。我想听听你是怎么考虑的。'一天后，他来到我的办公室说：'这个周末，我有了一个最好的主意，如果我们把三号切割机搬到这里，然后再加两个电动卷绕站，我们在组装线上就能少走不少冤枉路，生产效率能提高5%～10%。我们不妨试试看。'那正是我想让他发生的变化，这种方法要比告诉一个雇员去做什么好得多。人们都不喜欢被人家告诉怎样去做他们的工作，他们喜欢按照自己的方法做事。这种建议的方法每次都非常见效，每次我都如愿以偿，而雇员由于提出了新的方法受到嘉奖，这样，我们双方都感到很愉快。”

无论生多大的气，一旦尽情发泄之后，也会自消自解。这是因为，人将不满全部发泄之后，会产生问题似乎已基本解决的错觉。

有家电信企业的领导向专家请教有关服务员与客户冲突的解决办法，说他们那里时有与客户争吵的事情发生。他问专家问题究竟出在什么地方。

经仔细调查，专家发现争吵的根本原因在于服务员对客户的抱怨应对欠佳。根据这种情况，专家建议服务员以后凡遇到用户来查询，最好先认真听他把问题讲完，然后说：“好吧，我一定仔细地重新核实。”等过了一段时间，再与对方商谈，这时，由于用户既已把自己想讲的话全部讲完，且又过了一些日子，其火气已大半平息，因而能客观冷静地讨论问题的原因，这样，事情就好办多了。实践证明，这方法极为有效。

相反，遇到别人怒遏云霄的情况，仍顽强“拼搏”，针锋相对，结果无疑是两败俱伤，不仅不能解决矛盾，反而加剧双方的冲突。

善听人言者能自觉闪避对方的怨言且充耳不闻，此乃化解对方怒气的心理战术。

刚柔并济，把话说到点子上

文艺复兴时期的艺术大师米开朗基罗，在为教皇朱理二世绘制宫廷的天顶画时，朱理二世曾要求他必须将圣徒和先知们身上的衣服画得高贵华丽一些。

米开朗基罗对这项要求十分不以为然，但是又不便当面得罪教皇，于是，半开玩笑地说："您知道的，他们原本就是穷人嘛，何必硬要他们装阔？"

后来，当他开始制作壁画时，教皇又派人传话，要他修改壁画上的人物。

米开朗基罗这次再也按捺不住，以平静的语气对传话的人说："你回去转告教皇，修改壁画是一件小事，用不着他那么操心，还是请他老人家把心思用在如何把这个世界修改得好一点吧！"

米开朗基罗说话的功夫堪称一流，看似柔和中却满含犀利和讽刺。教皇朱理二世领教他的厉害后，从此再也不教唆他了。

如果你自认没有米开朗基罗的犀利口才，那么，与人交谈时应该注意，讲话时千万别含糊不清，否则很容易产生误会，万一你无法自圆其说，必定陷入窘境，任何说话技巧都无济于事。

所以，说话要把握主旨和逻辑，要说得恰到好处，以免言谈有所闪失，授人以柄，甚至作茧自缚。这是避免错误，摆脱窘境的根本方法。

假如朋友或同事在公开场合责备你，而情况与事实又有出入，这肯定使你难堪。这时，你该怎么办呢？你应该心平气和地直言："我们是否私下谈谈？我想请你调查清楚了再说话。不然，我以后很难和你相处。"

倘若亲友无缘无故责备你，你也应该明确地跟他说："你让我十分难堪，请你告诉我这是为什么。我哪里得罪你了？"

"吹笛要按到眼儿上，敲鼓要敲到点儿上"，话说在点子上对方自然会欣然接受。

古人讲：山不在高，有仙则名；水不在深，有龙则灵。说话也是如此，话不在多，点到就行。在生活节奏紧张快速的现代社会中，没有人愿意花费大量的时间去听你的长篇大论。这就要求你在谈话时要做到言简意赅，一针见血。

乔治是美国加利福尼亚州的大亨，资产逾10亿美元。某年他与商业伙伴戴维从加州飞往中国某大城市，准备投资建厂，寻找合作伙伴。三天后，乔治坐到了谈判桌前，谈判对象是我国某一大型企业的领导。这位领导精明能干，通晓市场行情，令乔治颇为欣赏。听了这位领导对合资企业的宏伟设想后，乔治感到似乎已看到了合资企业的光辉前景。正准备签约时，忽听这位领导又颇为自豪地侃侃而谈道："我们企业拥有2000多名职工，去年共创利税700多万元，实力绝对雄厚……”

听到这儿，乔治暗暗地掐指一算：700万元人民币折成美元是90余万，2000多人一年才赚这么点儿钱？而且，这位领导居然还十分自豪和满意。这令乔治非常失望，离自己预定的利润目标差距太大了。如果让这位领导经营的话，是很难有较高的经济效益和利益的。于是决定立即终止合作谈判。

试想一下，假若那位领导不说最后那句沾沾自喜的话，谈判也许会以另一种结局而告终。那位领导最后那些不着边际的话是画蛇添足的话，不仅暴露出他自身弱点，而且令外商失去了合作的信心，最终改变投资意向，这的确是多余之至，应该引以为戒。

在生活中我们经常看到，有的人习惯于喋喋不休、滔滔不绝地高谈阔论，而又词不达意，语无伦次，让人听而生厌；还有的人喜欢夸大其词，侃侃而谈，说话不留余地，没有分寸。这样都容易造成画蛇添足的恶果。因此，我们“在开口之前，应先让舌头在嘴里转十个圈”。把多余的废话“转掉”，准备一些简单明了的话，一开口就往点子上说，千万不要东拉西扯，不知所云。

以情动人，让对方卸去武装

人是有感情的动物，对感情尤为敏感，而语言所负载的信息，除了理性信息之外，就是情感信息。这种情感信息的内涵十分丰富，它的功能不仅是要诉诸人的理智，而且是要打动人的情感。“感人心者，莫先乎情”，这就要求我们在说话中，一定要充满着讲说者自己的真情实感。所谓情感，就是人接触客观外界事物所产生的肯定或否定的心理反应，诸如喜欢、愤怒、悲伤、恐惧、爱慕、厌恶等。

人在日常交往中，深厚稳定且有原则性的情感，往往会产生巨大的鼓舞力量。因此，“情”是口语表达的一个重要因素。

说服领导采用我们的提案，或说服他人购买我们的产品时，也是一门学问，不懂得其中道理之人，就很易采取以理论直诉的方式。但要知道人是感情的动物，即使理论再正确，道理再正确，仍然无法折服对方的情感，也是常见的事。

特别是领导对你并不具什么好感的时候，无论你的策划再怎么伟大，他虽然表面赞成，但还是以“再研究看看”为终。这种时候，应该用什么样的方式才能让对方接受呢？

在推销产品的时候，也是同样的情形，理论是属于事务性的东西。以事务性的诉求向对方推销，对方是否真的会购买呢？相反地，即使对方本来不想买的，也会说："真是太有趣了！我虽不需要这样的东西，但是你很会说话，我就多少买一些吧！"

与其开门见山地讨论主题，倒不如先天南地北地闲扯，解除对方心理的武装，然后偷偷地带上主题，使对方不知不觉入壳，而达到我们的目的，尤其对手是女人时更要如此，女性常是以感情来判断事情，她们根本不需要理论或理智。只要感情上接受的话，哪还管得到什么理论不理论。

如果主要客户是女性的话，一开始就要先撇开话题：

"下一次一定要让我招待才行哦！"

如果对方顺应我们口气时，等于机会已经来临了，但也没有必要就此慌慌张张地谈及生意，无妨再随口闲扯一些别的。

"那我送你到那边去好了。"

"怎么？你不是找我谈生意的吗？"

如此一来，她反而替我们担心了。采取另外一种改装的方式打出主牌，她对你的观点也转变成有好感，真可说是一石二鸟。商谈的内容越重要，越要以轻松的态度来应付，这样才是足以说服对方感情的手段。

最后，不可遗忘的是，一定要在摸熟了对方的心理状况以后，才进行商谈的主题。

公司里的同仁或后辈有事找你洽谈协助，而你却要对方注意生活态度，或自我反省时，本来是出自一番好意，但没想到却反而会受到对方的反唇相讥。世界上自认为只有自己的见解才是最正确，而不愿接受他人的意见，自以为是的人比比皆是。

这样强硬指责对方“你的想法完全错误”的人，大都以年龄较长或各业界的老前辈较多。而受指责的人，也常常因此愤恨不平：“前辈的思想太陈腐了，他根本都不了解嘛！”这种情况时，绝不可以硬表示反对。

因为事情终会有逐渐明朗化的一天，这种时候利用对方的心理，反过来大力支持对方，尊重对方，才是聪明的做法。假若真的是错误的想法，对方或许因之而失败，而如果他的意见正确，又会使对方对我们有好感。能应用这种方法来与对方商谈时，便可获得极大的效果。

例如，对方找你商谈说“我想离开公司”，如果你这时训诫对方：“你辞职以后还能干什么事呢？”就算你本来是一番好意的规劝，但如果他离开公司后，自己经营得更成功时，必然会贬低你在他心目中的地位。

相反地，极力表示支持，尊重对方的意见：“如果你真的下定决心这么做，我相信你离开公司也一定会大有作为的。”

像这样地鼓励对方，即使对方结果并没有辞职，对方也不敢在你面前妄自尊大，同时你也因此掌握对方的弱点。假若他离开公司后，真的功成名就，你就变成他的功臣与最大的支持者，感谢之情自不在话下，万一失败的话，对方也因之获得教训，惩前毖后。如我们的见解正确，对方也必会对我们大有好感。

此外，也有人与我们相识不可谓之不深，但却从不找我们协助。虽然对我们或许并不具什么恶感，但长此下去，情感终有恶化的一天。碰到这种情况，最好能在暗中夸奖、称赞他，相信他一定会因此反过来找我们。

不卑不亢，让对方心服口服

交谈要恰到好处，就是既要不卑不亢，又要热情、谦虚、温文尔雅、富有幽默感，这样的谈吐才能给别人最深刻的印象。

不卑不亢就是谈话时不盛气凌人，不自以为是。如果你是一个很有学识的人，也不要轻视别人，要用心倾听别人的意见。更何况“智者千虑，必有一失，愚者千虑，必有一得”，别人的意见不见得全不可取，而自己的意见也不见得全部都正确。如果你随时以高人一等的口吻或专家的姿态出现，好像处处要教训别人，这样只会引起别人的反感。

交谈时诚恳、亲切，也是很受别人重视的。如果你碰到一个油腔滑调，说话飘浮不实的人，你一定会觉得异常不快，敬而远之，甚至会从内心上反感他。自己的心情如此，别人的心情也是一样，因此，在社交的谈话中也须警惕注意。

某外贸公司因拓展外贸业务的需要，决定向社会公开招聘一位管理人员。招聘广告登出后，人才招聘处便被里三层外三层围个水泄不通……经过笔试和面试两道关卡之后，最后敲定在剩下的李甲、王乙、张丙中间选出。筛选出来的这三位应聘者个个了得。论写，无论中文外文，均无懈可击；论讲，有问必答，应对如流，滔滔不绝，堪称难分伯仲，这使招聘者颇感为难。

最后，公司决定来一次“煮酒论英雄”：在某酒家设宴招待三位应聘人员，通过酒宴对应聘者再次进行筛选。

宴会在热烈的气氛中进行。总经理坐在应聘者中间，相互频频举杯，互作酬答，你来我往，笑语欢声不断。笔试和面试只反映了应聘者的专业知识和部分素质。应聘者有备而来，且分外警觉，所以，有些缺点就暴露不出来。而在气氛热烈的酒宴上，一些应聘者认为大局已定，思想不再设防，于是，一个真正的“自我”便赤裸裸地展现在招聘者面前：

席间王乙出言不凡：“总经理，你只要录用我，我保证让公司效益翻一番。”

张丙则显得有点儿破釜沉舟的意味：“总经理，我这次是横下一条心来报名应聘的，我已向原单位辞了职，我坚信，凭我的水平，你们一定会录用我的……”

唯有李甲稳坐席间，在总经理的眼光问询之下缓缓说出：“总经理，能结识您很荣幸，我非常愿意为贵公司效力。但如果确实因名额有限而不能被录用，我也不会气馁，我会继续奋斗，我相信，如果不能当您的助手，那我一定要成为您的对手……”

那么谁将是最后的胜出者呢？

自然是李甲被录用。

在应聘过程中，有的人能够说得恰到好处而终被录取，而有的人则“尽显才能”，夸夸其谈。王乙轻言取胜，戏言赚钱，看似有胆有识，却言过其实，给人以一种不可行的感觉。而张丙的话语似乎很自信，实际却是自负，把应聘当赌博，把赌注全压在这一次上，这些人思维方法比较偏激、绝对。搞外贸，有时要刚，察言观色，当机立断；有时也要柔，以柔克刚，以屈求伸。思维方法单一，必然导致行动僵化，难以胜任外贸工作。

而李甲始终都保持着清醒的头脑，彬彬有礼，言语得体，不卑不亢，充满自信。这是搞外贸的最可宝贵的性格。他最后的那句话提醒了这家外贸公司的人事经理：如果被录取名额所限制，并不证明自己不优秀。如果让这些优秀人才流失到别的公司去，岂不是为公司树立了一个劲敌。

李甲正是凭着其良好的职业形象，才能使招聘者确信其有足够能力胜任本职工作。职业形象的确立除了求职者的外貌、风度、个性、心理特征等多种因素之外，求职者的谈吐是否得体也显得极为重要。有关研究表明，在劝说人时，其效果只有8%与内容有关，42%与仪容有关，而50%却与你如何言谈有关。任何一种工作，都要与人建立职业关系。工作人员要顺利完成具体工作，必须具备较强的谈话技巧和口才，在种种场合，针对形形色色个性心理迥异的人，均能做到用语恰当、谈吐得体、不亢不卑。良好的口才既显示出工作人员自身的职业形象，也维护了任职单位的形象和尊严。

总之，个人良好的职业形象很大程度表现在高雅的谈吐上，谈吐之美在于用语恰当，言之有物，不卑不亢。

实战指南：说服七法

日本学者多湖辉《论表现》中提示了增强说服力的七个技巧。

一、使用肯定语气表达无把握之事

算命先生常常用各种模棱两可的言辞来解释人们的命运，但他们在每段的尾句都表达极肯定的意思。他们总是断言“一定会这样”。正是利用了这种肯定形式尾句的心理暗示效果，才使得他们财源广进。

这种暗示效果也是催眠术中常用的诱导技巧。催眠时，用肯定的尾句向接受催眠者讲话，如“手抬起来！”“一定要把手抬上来！”“手触头，不能拿开！”等。如对方像个听话的孩子按你的明确指令进行，效果将不会令你失望。你若说类似“你愿意，把手抬上来吧！”这样暧昧语言，将与失败结下不解之缘。

二、“三”是个能增强说服力的数字

人们对于“三”这个数字有着奇特的心理感应，因为它有说服力！

某些地方的人们喜欢以“数到三”来迫使别人服从他们的意志，他们觉得“一”过于仓促，“二”不够显示他们还有仁慈之心，只有“三”才使人感到稳妥。

很多讲话具有强烈说服力的人，不知不觉中都利用了这种心理。日本原伊藤忠商事会社副社长濑岛龙三的一些举动或许可以证明这一点。与他交往过的人在回忆与他共事的日子时，都不能不为他具有说服力的言谈所折服。无论谈什么问题，他都会把内容紧紧扣在“三”这个数字上，“关于那个问题，可以有三种解释”“问题有三个”等。人们对这些语言的评价是：思路清晰，容易理解，易于接受。

三、适当地运用谚语和名言

心理学上有一个名词叫“感觉暗示”，用以解释某位专家或艺人所说的话易于被人认可的现象。为了使自己的话语具有说服力，可以利用这种暗示，引用一些名言、谚语来辅助自己的见解。由于人们深信这些名言和谚语是亘古不变的真理，往往轻易地就被说服了。但切忌过多引用，否则无非为世界上多添一只鹦鹉而已。

四、强调自己的见解

许多人在讲话时，常常运用过多的名人名言，使人感到他缺乏见解。他们引用大量报纸杂志对此事的评述，企图增强自己的说服力，但给人的感觉是：陈词滥调，有损听觉。而有的人就给人印象颇深，他们会反复运用“我是这样看的”“我认为”等语句发表一些独到见解，让人耳目一新。

五、使用带尾数的数据能提高你的可信度

如果合乎情理的话，在讲话中经常引用一些你记住的带尾数

的数据，会使对方觉得你精于某专业而产生强烈的信赖感。

这种“尾数效果”往往能发挥意想不到的作用。某市银行的总经理在他任分行经理时，曾经历过这样一件事：下属前来商量融通资金的问题，说是某制药公司老板希望借款91万元。这位分行经理对制药公司老板不借100万元的整数感到不解。制药公司老板回答说：“91万元正好够用，不需要多借。”听了老板的说明，分行经理觉得他把尾数都核算出来的经营态度值得信任，当即批准借款申请。

六、不要用连珠炮式的语势

情绪激动的演讲者常常把打动人心的希望寄托在连珠炮一般的语势上，他们如一串点燃的鞭炮疯狂地响个不停，这种热烈的场面或许会激动人心，但他们所说的内容未必给听众留下深刻的印象。

相反，采用一种平易近人的语势来说相对较少但精彩动人的话，往往会被看做“有智慧”“亲切”而备受欢迎。一般来说，流畅而平静的语言更能打动人心。

七、多用幽默的语言

你所面对的人群并不缺乏幽默感，无须用一些平淡无味的语言来取得他们的同感。如果你一定要这样做，我们不会反对，但台下的听众会把你赶下台。

幽默的语言往往使演讲富有活力而魅力十足，丘吉尔在这方面是一位杰出的代表人物。我们不如引用他最沉痛的一次演说中所讲过的话来说明这一点。第二次世界大战结束以后丘吉尔被赶下了台，他在离职演说中讲道："非常感谢这些恩将仇报的人民对我的爱戴，我竭尽全力为他们付出我的一切时，他们终于如愿以偿，而我却没有。"这位战功显赫的功臣没有被选上首相，但被选入世界十大杰出演说家之列。

第六章

讲话不死板的公式：风趣交流

谈吐幽默 + 友好交流 = 不死板

在社交场合，谈吐幽默的人往往取胜。幽默的语言极易迅速打开交际局面，使气氛轻松、活跃、融洽。在出现意见有分歧的难堪场面时，幽默、诙谐更可成为紧张情境中的缓冲剂，使人与人之间摆脱窘境或消除敌意。此外，幽默、诙谐的语言还可以用来含蓄地拒绝对方的要求，或表达善意的批评。一个谈吐幽默的人总能收获好人缘，凝聚人脉和气场，从而令生活更加如意、事业更加顺利。

夸张式幽默，增强人脉和气场

幽默是一个人的学识、才华、智慧、灵感在语言表达中的体现，是一种“能抓住可笑或诙谐想象的能力”，是对社会上的种种不协调、不合理的荒谬现象、偏颇、弊端、矛盾实质的揭示和对某些反常规言行的描述。幽默语言可以使我们内心的紧张和重压释放出来，化为轻松的一笑。在沟通中，幽默语言如同润滑剂，可有效地降低人与人之间的“摩擦系数”，化解冲突和矛盾，并能使我们从容地摆脱沟通中可能遇到的困境。

幽默要利用夸张的效果。将事实进行无限制的夸张，造成一种极不协调的喜剧效果，是产生幽默的有效方法之一。

马克·吐温有一次坐火车到一所大学讲课。因为离讲课的时间已经不多，他十分着急，可是火车却开得很慢，于是他想出了一个发泄怨气的办法。当列车员过来查票时，马克·吐温递给他一张儿童票。这位列车员也挺幽默，故意仔细打量，说：“真有意思，看不出您还是个孩子哩。”他回答：“我现在已经不是孩子了，但我买火车票时还是孩子，火车开得实在太慢了。”

火车开得很慢确是事实，但也绝不至于慢到让一个人从小孩长成大人。这里便是将缓慢的程度进行了无限制的夸张，产生了特殊的幽默效果，令人捧腹。

有时候为了摆脱无谓的纠缠，故意虚张声势，利用夸张的事实与现状的矛盾，从而形成幽默，达到预期目的。

有一天，林肯因身体不适，不想接见前来白宫要官的人。但是，一个要官的人却赖在林肯的身边，准备坐下来长谈。正好这时，总统的医生走进房里。林肯向他伸出双手，问道："医生，我手上的斑点到底是什么东西？"医生说："我全身都有。"林肯说："我看它们是会传染的，对吗？""不错，非常容易传染。"医生说。那位来客信以为真，马上站了起来，说："好了，我现在不便多留了，林肯先生，我没有事，只是来探望你的。"林肯与医生假戏真做，假称"斑点"非常容易传染，虚张声势，虽不动声色，却把那位要官的人吓跑了。

这种夸张幽默使林肯摆脱了纠缠。

此外，在幽默时不妨使用模仿语言。模仿现存的词、句及语气等从而创造新的语言，是幽默方式中很常见的一种，往往借助于某种违背正常逻辑的想象和联想，把原来的语言要素用于新的语言环境中，形成幽默感。

一位女教师在课堂上提问："'要么给我自由，要么让我去死'这句话是谁说的？"过了一会儿，有人用不熟练的英语答道："1775年巴特利克·亨利说的。""对。同学们，刚才回答问题的是日本学生，你们生长在美国却回答不出来，而来自遥远的日本的学生却能回答，多么可怜啊！""把日本人干掉！"

教室里传来一声怪叫。女教师气得满脸通红，问：“谁？这是谁说的？”沉默了一会儿，有人答道：“1945年，杜鲁门总统说的。”

这位同学模仿老师的提问做了回答，从而产生了幽默效果。

一位军官的朋友向他打听某种军事秘密。他不想严词拒绝而使对方难堪，又不能因私废公。于是他故作神秘地问道：“你能保守秘密吗？”“能！”对方答道。“那么，我也能。”军官说。

这位军官就是模仿了对方回答的方式和语气，从而摆脱了窘境，既保守了军事机密，又维护了朋友之间的感情。

有一天，“伦琴射线”的发明者——德国物理学家伦琴收到了一封信，写信的人请求伦琴寄一些“伦琴射线”和一份怎样使用射线的说明书给他。因为他胸中残留着一颗子弹，需要用射线治疗。于是伦琴提笔复信道：“真遗憾，眼下我手头的X射线刚巧用完了，况且要邮寄这种射线十分困难。这样吧，请你把你的胸腔给我寄来吧！”

伦琴巧妙地运用夸张的幽默方式，给对方回信。既委婉地表达了自己的想法，又不伤写信人的感情。

可见，适当地运用模仿语言，适当地运用夸张，不仅会令语言生辉，更能拉近人与人之间的距离，从而化解矛盾，缓和气氛，增进友谊。

曲解式幽默，巧拿借口来解围

幽默有时也可以进行有意的曲解。所谓曲解，就是对对象进行“歪曲”“荒诞”的解释，以一种轻松、调侃的态度，将两个表面上毫不相关的东西联系起来，造成一种不和谐、不合情理、出人意料的效果，从而产生幽默感。

所以，在运用幽默时，不妨有意违反常规、常理、常识，利用语法手段，打破词语的约定俗成，临时给它以新的解释，甚至对问题进行歪曲性解释，把毫不相关的事捏在一起“拉郎配”，从而造成因果关系的错位或逻辑矛盾，得到出人意料的结果，形成幽默感。

有意曲解还包括偷换概念。将对方谈话中使用的概念借用过来，并赋予新的内容，也会产生幽默的效果。如，

一位妻子瞪着丈夫说：“我一见你就来气。”

丈夫却慢条斯理地回答：“好啊，我练了1年气功还没气感，原来是你把我身上的气都吸到你身上去了。”

这位丈夫巧妙地将生气的“气”偷换成气功的“气”，逗妻子一乐，她的“气”也就在笑声中消了。

偷换概念的另一种方法是“以偏概全”。对于范围过宽或比

较抽象的问题，只用其中的一个方面进行说明，既有利于回答难以回答的问题，又体现了幽默感。

有一次，一名新闻记者问萧伯纳："请问阁下，乐观主义者和悲观主义者的区别何在？"这是一个范围很大且很抽象的问题。如果要从理论上做出一个准确的回答，恐怕得费好大劲也不一定能令对方满意。于是他说："假如这里有一瓶只剩下一半的酒，看到这瓶酒的人如果高喊：'太好了，还有一半！'这就是乐观主义者。如果悲叹：'糟糕，只剩下一半了。'那就是悲观主义者。"

在这里，萧伯纳巧妙地使用"以偏概全"的方法，选择了一个生动的事例，化大为小，回答得轻松自如，不仅颇有幽默感而且令人回味无穷。

在进行曲解式幽默时，不妨加点巧妙的解释。

美国总统林肯年少在学校读书时聪慧过人，有一次老师想难住他，便问："我想考考你。你是愿意回答一道难题呢？还是两道容易的题目？""回答一道难题。""好吧，那么你说，蛋是怎么来的？""鸡生的。"林肯答道。"鸡又是哪里来的呢？""老师，这是第二个问题了。"林肯说。

老师想把林肯引入"鸡生蛋，蛋生鸡"这个纠缠不清的问题中，但林肯却以巧妙的解释避开了。

英国著名女作家阿加莎·克里斯蒂同比她小13岁的考古学家马克斯·马温洛结婚后，有人问她为什么要嫁给一个考古学家，她幽默地说："对于任何女人来说，考古学家是最好的丈夫。因为妻子越老他就越爱她。"

这一巧妙的解释，既体现了克里斯蒂的幽默感，又说明了他们夫妻关系的和谐。

有一位读书人当了新郎仍然保持读书到深夜的习惯，妻子满腹怨气。一天她对丈夫说："但愿我也能变成一本书。"丈夫疑惑不解："为什么？""那样你就整日整夜把我捧在手上了。"丈夫顿时明白了妻子的用意，打趣说："那可不妙，要知道，我每看完一本书，都要换新的……"

这位丈夫的巧妙解释，不仅表达了他对书的爱好，更表达了他忠于妻子的感情。

上面这三则充满幽默感的故事很好地说明了，巧妙的解释能产生很强的幽默感，即对原意加以巧妙的解释而产生幽默效果。

自嘲式幽默，提升个人的魅力

幽默就是对生命透彻之后的豁达。在与人交谈的时候不妨恰当采用自嘲的方式幽默一下。不仅能起到活跃气氛的作用，更能在无形中提升个人的魅力。

幽默感的内在构成是悲感和乐感。悲感，是幽默者的现实感，就是对不协调的现实的正视。乐感，是幽默者对现实的超越感，是一种乐天感。悲感，让幽默者可以勇于面对现实，正视人性的弱点。乐感，让幽默者在别人或者我们以前的弱点面前产生“突然的荣耀感”，给幽默者以信心和勇气，在困境中竖起胜利的风帆。

由痛苦到快乐，一定要具备某种超越精神。只有超越了现实，才能俯视现实，对待困难采取乐观的态度。

俄国著名寓言作家克雷洛夫生活穷困。他租了一间房子，房东要他在房契上写明，一旦失火，烧了房子，他就要赔偿15000卢布。克雷洛夫看了租约，不动声色地在15000后面加了一个零。房东高兴坏了，问道：“什么，150000卢布？”“是啊！反正一样是赔不起。”克雷洛夫大笑着回答。

在社会生活中，人们有可能会遭遇到不公正的待遇。一般来说，这种情形是暂时的，一旦真相大白，含冤者就会昭雪。但在现实生活中，很多人不能用幽默的态度对待这种委屈。如果我们学会幽默，就会在所谓的委屈之外发现令人无比快乐的东西。乐观不仅可以放松幽默者本身，还可以帮助解救其他深陷困扰的人。

没有幽默感的人不会积极地看待这个世界，不会乐观地看待自己的生活。当然乐观不是盲目的，而是有所依附的，它是一种透彻之后的豁达。乐观地看待你的生活，幽默就会自然而生。

美国心理学家保尔·麦基认为，幽默感对于人的社交能力的发展起着举足轻重的作用。

1979年1月，邓小平访问美国。当时的美国总统卡特和夫人在华盛顿举行盛大国宴，欢迎邓小平和夫人。与卡特夫妇和邓小平夫妇同桌坐的还有哈佛大学的中国问题专家费正清。费正清问邓小平："贵庚？"邓小平回答："72岁。"费正清说："我今年74岁。"邓小平说："但你仍满头乌发，而我早已秃头了。""这证明你脑筋用得太多了。"

两人机智地对答，幽默风趣，其乐融融。邓小平就是巧妙运用自嘲的方式，挑起了轻松的气氛，令在座各位无不为其语言魅力所折服。

在社交中，谈吐幽默的人往往取胜，没有幽默感的人往往会失败。

在交际场合，幽默的语言极易迅速打开交际局面，使气氛轻松、活跃、融洽。

在出现意见有分歧的难堪场面时，幽默、诙谐更可成为紧张情境中的缓冲剂，使朋友、同事摆脱窘境或消除敌意。此外，幽默、诙谐的语言还可以用来含蓄地拒绝对方的要求，或进行一种善意的批评。

批驳式幽默，让人愉快地接受

所谓批驳就是批评反驳。一般而言，我们与人交谈时要尽量避免正面交锋，即使有意见、有想法，也要委婉地表达。否则，生硬的反驳的话语不仅让人难以接受，还会使人际关系更加紧张。而在批驳时恰当地运用幽默技巧，其效果就迥然不同了。

当你想要驳倒对方时，除了必须理由充分，还要靠说话的技巧，你要悉心听对方说话，摘出他话中的要点与漏洞，如果对方不曾说完，无论如何不要插嘴，脸上也不要露出什么地方反对，什么地方赞同的表情，等他说完，有时还需要问他一句，还有其他的意思吗？言多必失，让他畅所欲言，正是找寻反驳点的好机会。

你开始反驳，态度必须从容，说话必须稳当，先把他的话扼要地提出，问他是否是这些意思，再从他对的方面，表示相当的赞同，使他高兴。

当然，如果你能恰到好处地运用幽默，就会收到神奇的效果。然后，当说到后来，用“但是”两字一转，逐层反驳，把轻的放在前面，留重的在后面，越说越紧，越说越硬，使他无法置辩。如果你要教训他几句，更要留在最后，看见他的面部表情已有感悟的表现，才好开始说反驳的话。

反驳虽恃理由与技巧使他折服，但尤须动以感情使他心悦诚服。理由越是充分，反击越是强烈，语气越要婉转，中间有时还要替他设身处地，代为表达苦衷与用意，然后随即加以反驳，使他知道错误。即使你成功反驳，态度仍然必须谦恭，使他不觉得是失败，更须丢开正文，随便谈谈，总要有说有笑，把反驳时严肃的空气尽力冲淡。争辩是一回事，交情是一回事，争辩只限于一个事项，不要牵涉到交情，如果彼此都是代表人身份，或任何一方面是代表人身份，随时要把代表人的本身分开，不要发生直接人身攻击的嫌疑。万一对方盛怒之下，对你做人身攻击，你必须用和气的态度向他说明你是代表人，不是当事人。经过多言的解释可以减少误会，即使对方出言辱骂，你也要大度包容，付之一笑。

至于没有利害关系的辩论，有的是维护各人的主张，有的则是比拼彼此的口才能力。

为维护主张而反驳，多少要承认对方若干的论点，反驳的语气，有时可用补正的方式，不必完全用攻击的态度。倘若是在会议场中，只要争取多数人的同情，促起各方面的响应，让各方面起而攻击，造成他四面楚歌的局面，就可以不必单枪匹马，和他战上几十个回合。这种四面合围，力量雄厚，声势壮盛，可使你不必费极大气力去反驳他。

至于比赛辩论技术，原只是游戏性质，不要过分认真，倘使对方假戏真做，你便相机退出，表示讲和。有人不能明白这一点，往往因薄物细故，哓以争辩，弄得双方面红耳赤，不欢而散，其实这又何苦呢？

说出别人想不到的语言，表达别人想不到的含义，这是幽默的宗旨，即所谓的标新立异，出奇制胜，这样往往会使你的语言具有特殊的说服力，达到更好的沟通效果。

一个顾客在酒店喝酒，他喝完第二杯后，转身问老板："你一星期能卖多少桶啤酒？""35桶。"老板得意洋洋地回答说。"那么，"顾客说，"我倒想出一个能使你每星期卖掉70桶啤酒的方法。"老板很惊讶，忙问："什么方法？""这很简单，只要你将每个杯子里的啤酒装满就行了。"

这位顾客的本意是指责老板卖的啤酒只有半杯，但他利用老板唯利是图的心理，巧妙地设下一个圈套，让老板不知不觉地钻进去，然后出其不意地指责老板的行为。

事实上，所有的幽默都是以"出其不意"而制胜。否则，就会显得平淡无奇，达不到效果。尽管其多用于揭露弊端、讽刺鄙俗与愚蠢，但绝不是锋芒毕露，相反其总是委婉地指出人们的缺点，让人们在笑声里看到自己或他人的丑行或影子，顿悟而悔改。

在一家餐馆里，一位顾客正把饭中的沙石一粒一粒地拣出来摆放在桌子上。服务员见了不好意思地说："净是沙子吧？"顾客笑笑，摇摇头说："不，还有米饭。"

这位顾客没有直接批评饭的质量，他抓住服务员说的“净是沙子”做文章，便说“还有米饭”，通过否定的形式来肯定米饭中有很多沙子，显得非常委婉，这样既表达了自己对米饭中沙子过多的不满，又不至于引起对方的反感。同时，又达到了说话的目的。

双关式幽默，彰显言词的智慧

一个人谈吐幽默，是同他的聪明才智紧密相连的。这就要求我们有良好的文化素养、丰富的文化知识。如果一个人对古今中外、天南地北、风土人情等各方面都有所了解，再加上有较强的驾驭语言的能力，那么说话就容易生动、活泼、诙谐。

遍观古今中外著名的幽默大师，往往又都是语言大师。幽默并不是矫揉造作，而是自然地流露。有人深有感触地说：“我本来无心讲笑话，笑话自然就从口里出来了。”其中的道理正说明了这一点。

幽默是拥有智慧的人类所特有的一种情感表达。“一语双关”可谓是幽默最厉害的招式之一，它不只是“幽默”而已，同时还隐含了“智慧”的成分。

所谓双关，也就是你说出的话包含了两层含义：一是这句话本身的含义；另一个是引申的含义，幽默就从这里产生出来。也可说是言在此意在彼，让听者不只从字面上去理解，还能领会言外之意。

“一语双关”如果运用得恰如其分，就会活脱脱地表达出对人及事的看法，除了使人们“不禁莞尔”或“哈哈大笑”以外，更是“机智人生”的呈现。

有一则寓言：

猴子死了去见阎王，要求下辈子做人。阎王说，你既要做人，就得把全身的毛拔掉。说完就叫小鬼来拔毛。谁知只拔了一根毛，这猴子就哇哇叫痛。阎王笑着说：“你一毛不拔，怎么做人？”

这则寓言表面上是在讲猴子的故事，却很幽默地表达了“一毛不拔，不配做人”的道理，虽然讽刺性很强，却也委婉、含蓄。

利用字的谐音来制造双关的效果，会显得很有幽默感。

传说李鸿章有一个远房亲戚，胸无点墨，却热衷科举，一心想借李鸿章的关系捞个一官半职。他在考场上打开试卷，竟无法下笔。眼看要交卷了，便“灵机一动”，在试卷上写下“我乃李鸿章中堂大人的亲妻（戚）”，指望能获主考官录取。主考官批阅这份考卷时，发现他竟将“戚”错写成“妻”，不禁拈须微笑，提笔在卷上批道：“所以我不敢娶你。”

“娶”与“取”同音，主考官针对他的错字，来了个双关的“错批”，既有很强的讽刺意味，又极富情趣。

想要语言富有幽默感，就必须言之有物，使其形象生动。以实求幽默，幽默有；以虚求幽默，幽默无。语言真实形象生动，能促人联想，产生“具象”，让人感觉余味无穷。

有一次，孙中山先生在广东大学（今中山大学）讲民族主义。礼堂非常小，听众很多，天气闷热，很多人都没精打采的。这时，孙中山先生便穿插一个故事：那年我在香港读书时，看见许多苦力工人聚在一起谈得很起劲，听的人哈哈大笑。我觉得奇怪，便走上前去。有一个苦力说道："后生哥，读书好了，知道我们的事对你没有什么帮助。"又一个告诉我："我们当中一个行家，牢牢记住那马票上面的号码，把它藏在日常用来挑东西的竹杠里。等到开奖，竟真的中了头奖，他欢喜万分，以为领奖后可以买洋房、做生意，这一生再也不用这根挑东西的杠子过生活了，就把竹杠狠狠地扔到大海里。结果连那张马票也一起丢了。因为钱没有到手先丢了竹杠，所以是空欢喜一场。"

孙中山先生风趣的话，引来台下一片笑声，那些打瞌睡的人也禁不住跟着笑了起来。孙中山先生接着回到本题："对于我们大多数人，民族主义就是这根竹杠，千万不能丢啊！"

孙中山先生这个充满幽默感的故事不仅让昏昏欲睡的人们清醒过来，也使得自己的演讲取得了良好的效果。

我们分析就可以知道，孙中山先生的话言之有物，生动形象，使人们通过联想产生了一种"具象"，从而达到了强烈的幽默效果，人们在笑声中明辨是非，认识了真理：千万不能丢掉民族主义。

反语式幽默，正话反说的魔力

所谓反语式即正话反说，采取正话反说的幽默方式，往往会达到令人意想不到的效果。

有一则宣传戒烟的公益广告，上面完全没有提到吸烟的害处，相反却列举了吸烟的四大好处：一省布料：因为吸烟的人易患肺痨，导致驼背，身体萎缩，所以做衣服就不用那么多布料；二可防贼：抽烟的人常患气管炎，通宵咳嗽不止，贼以为主人未睡，便不敢行窃；三可防蚊：浓烈的烟雾熏得蚊子受不了，只得远远地避开；四永葆青春：不等年老便可去世。

这里说的吸烟的四大好处，实际上是吸烟的害处，却很幽默，让人们从笑声中悟出其真正要说明的道理，即“吸烟危害健康”。

这就是所谓的正话反说，说出来的话，所表达的意思与字面意思完全相反。如字面上肯定，而意义上否定；或字面上否定，而意义上肯定。这也是产生幽默感的有效方法之一。

秦朝有个很有名的幽默人物，名叫优旃。有一次，秦始皇要大肆扩建御园，多养珍禽异兽，以供自己围猎享乐。这是一件劳民伤财的事，但大臣们谁也不敢冒死阻止秦始皇。这时优旃挺身而出，他对秦始皇说："好，这个主意很好，多养珍禽异兽，敌人就不敢来了，即使敌人从东方来了，下令麋鹿用角把他们顶回去就足够了。"秦始皇听了不禁破颜而笑，并破例收回了成命。

他之所以能成功地劝服秦始皇，主要是使用了幽默的力量。他的话表面上是赞同皇上的主意，而实际意思则是说如果按皇上的主意办事，国力就会空虚，敌人就会趁机进攻，而麋鹿是没有能力用角把他们顶回去的。这样的正话反说，字面上赞同了秦始皇，也足以保全自己；而真正的含义，又促使秦始皇在笑声中醒悟，从而达到了他的说服目的。

当然，任何一种幽默形式都要掌握一定的幽默的技巧。有人天生就是幽默的，他永远懂得怎么让事情的发展变得更有趣，但也有一些人是后天习得的幽默态度。因此，我们有必要了解和掌握有关幽默的一些方法和技巧。

1. 对比是创造幽默的基本手法

对比是指把两种（或两种以上）互不相干（甚至是完全相反）的，彼此之间没有历史的或约定俗成的联系的事物放在一起对照比较，以揭示其差异，即不谐调因素。在幽默中，对比双方的差异越明显，对比的时机和媒介选择越恰当，对比所造成的不协调程度就越强烈，观赏者对对比双方差异性的领会就越深刻，此时对比所营造的幽默意境也就越耐人寻味。

2. 移植是幽默的主要技巧之一

移植，即把在某种场合中显得十分自然、和谐的情节或语言移至另一种迥然不同的场合中去，使之与新环境构成超出人们正常设想和合理预想的种种矛盾，从而产生幽默的效果。移植包括情节移植和语言移植。情节移植以违背人们的正常思维逻辑为前提。

3. 颠倒是构成幽默的矛盾冲突的主要手段之一

颠倒，即在一定的条件下改换人物本末、先后、大小、尊卑等关系，从而创造出具有浓郁幽默情趣的喜剧性场面。有时，词序的改换也能产生同样的幽默效果。人物关系的颠倒可以表现为父子、夫妻、长幼、男女、主仆等内容的错位，形成与人们沿袭的传统观念相悖的新关系，具有极大的荒谬性和戏剧性，以至出现了风趣幽默的情节和结局。

4. 谐音双关是幽默语言交叉技巧中常用的一种修辞格式

谐音双关，即利用词语的同音或近音条件构成双重意义，使字面含义和实际含义产生不谐调交叉。谐音双关以语音为纽带，将两个毫不相关的词义联系在一起，使观赏者通过联想领悟艺术家的幽默感。

善意式幽默，讲话更深入人心

友善的幽默能表达人与人之间的真诚友爱，能沟通心灵，拉近人与人之间的距离，填平人与人之间的鸿沟，是希望和他人建立良好关系的不可缺少的东西。特别当一个人要表达内心的不满时，如果能使用幽默的语言，别人听起来会顺耳一些。当一个人需要把别人的态度从否定改变到肯定时，幽默具有很强的说服力。当一个人和他人关系紧张时，即使在一触即发的关键时刻，幽默也可以使彼此从容地摆脱不愉快的窘境或消除矛盾。

有一天，著名的文学家萧伯纳在街上行走，被一个骑自行车的冒失鬼撞倒在地，幸好没有受伤，只虚惊一场。骑车的人急忙扶起他，连连道歉，可是萧伯纳却惋惜地说："你的运气不佳，先生，你如果把我撞死了，你就可以名扬四海了！"萧伯纳的这一句妙语，把他和肇事者双方从不愉快的、紧张的窘境中解放出来，使这场事故得到友好的处理。萧伯纳的幽默不仅给对方留下了难忘的印象，更给人以友爱和宽容的感觉。

又有一次，萧伯纳的脊椎骨有病，去医院检查。医生对萧伯纳说："有一个办法，就是从你身上其他部位取下一块骨头来代替那块坏了的脊椎骨。"又说："这手术很困难，我们从来没有做过。”很明显，医生的意思是这次手术所要收取的费用不同一般。如果萧伯纳与医生争论，或表示不满、失望，将会和医生处于对立的局面。而对立的结果，会给双方带来难堪，也会影响双方合作和治疗效果。但是，萧伯纳听了医生的介绍后，淡淡地一笑说：“好呀！不过请告诉我，你们打算付给我多少手术试验费？”一个很棘手的问题，被萧伯纳处理得极其巧妙，避免了不愉快的争执。

幽默是智慧的产物，能反映情绪智力的高低，能促进身心健康。蕴藏着人生哲理、妙趣横生、妙语连珠的幽默话语，能使人思想乐观、心情愉快，意志坚定；也能消除疲劳，使注意力与记忆力集中。

有一天，著名诗人海涅正在伏案创作。突然，有人敲门，原来是仆人送来一件邮包。寄件人是海涅的朋友梅厄先生。海涅因紧张地写作而感到有些疲倦，又因被人打断写作思路而很不高兴。他不耐烦地打开邮包，里面包着层层纸张。他撕了一层又一层，终于拿出一张小小的纸条。小纸条上写着短短的几句话：“亲爱的海涅，我健康而又快活！衷心地致以问候。你的梅厄。”尽管海涅感到不耐烦，但是这个玩笑却逗得他十分快乐，疲倦感即刻消失。他调整情绪后，决定对他的朋友也开一个玩笑。几天后，梅厄先生收到了海涅的一个邮包。那邮包重得很，他无法把它拿回家。他雇了一个脚夫帮他扛回家去。到家后，梅厄打开了这令人纳闷的邮包。他惊奇地发现里面是一块大石头。

石头上有一张便条，上面写着："亲爱的梅厄！看了你的信，知道你又健康又快活，我心上的这块石头落地。我把它寄给你，以永远纪念我对你的爱。"

在毛泽东身边工作的同志怀着深情与敬意为主席站岗放哨，照顾他的生活起居。

有一天，毛泽东突然笑着对他们说："你们对我为什么这么好呢？这个问题，我想了很久才想通。原来你们这些同志都只能为官，不能为人。"工作人员被主席的话惊呆了，心想："这句话的分量实在太重了。我们全心全意照顾主席，他怎么这样批评我们呢？"大家都感到困惑不解，心情也紧张。见此情景，毛泽东笑着解释说："说你们只能为官，这就是说你们对我这么好，不都是为了我这个当官的吗？说你们不能为人，是说你们不能为个人考虑考虑嘛！我看到你们这么多的人在我这里站岗放哨，一待就是好几年，要是你们在前方，早就是什么长了。"经主席这么解释大家茅塞顿开，不由得变"惊"为笑，心情轻松了。

毛泽东同志对全心全意保卫他、照顾他的同志心存感激，但他没用褒奖之词，而是用了"你们都只能为官，不能为人"的批评式赞扬，故意使对方疑窦丛生，造成错觉，形成心理压力。然后解释，使之冰释雪消，起伏中顿生幽默。同志们为毛泽东同志对部下的一片真情所感动，彼此的心贴得更近了。

在人与人的交往过程中，完全可以用几句善意的话使对方解除疑惑，从而释去对方的心理重负。

实战指南：幽默六法

在说话艺术中，幽默是运用意识深长的语言再现现实生活中喜剧性的特征和现象来传递某种特殊信息的一种表达技巧。生活中懂得风趣幽默的人，往往三言两语，就妙趣横生，不仅使人忍俊不禁，而且能使人领悟到其中蕴涵的智慧和哲理。

毛泽东同志在陕北时，有一天夜间进入田次湾，住在一个老大娘家里，大娘见毛泽东与十几个同志挤在一座窑里睡，心里不安，一再说：

“这窑洞太小了，地方太小了，对不住首长了。”

毛泽东听了这话，依着房东大嫂说话的节律喃喃道：

“我们队伍太多了，人马太多了，对不住大嫂了。”

房东大嫂和大家听罢都哈哈大笑起来。一阵会心的笑声，打消了房东大嫂的顾虑。

恩格斯说：“幽默是具有智慧、教养和道德上优越的表现。”列宁认为，幽默是优美的、健康的品质。幽默按照其修辞表现手段的不同，常见的有六种，下面我们一一举例进行说明。

一、借代

邓小平同志在讲到尊重知识、尊重人才、充分发挥知识分子的作用时说：

“要充分发挥知识分子的专长，用非所学不好。有人建议：对改了行的，如果有水平，有培养前途，可以没收一批回来。这意见是好的。‘四人帮’创造了一个名词叫‘臭老九’，‘老九’并不坏，《智取威虎山》里的‘老九’杨子荣是好人嘛？错就错在那个‘臭’字上。毛泽东同志说，‘老九’不能走。这就对了，知识分子的名誉要恢复。”

在这里邓小平把“老九”借代为“知识分子”，并引用毛泽东“老九不能走”这句话，风趣幽默地表达了自己的观点。

二、拟人

南唐时，课税繁重，民不聊生。恰逢京师大旱，烈祖问群臣道：

“外地都下了雨，为什么京城不下？”

大臣申渐高说：“因为雨怕抽税，所以不敢入京城。”

烈祖听后大笑，并决定减轻赋税。

在上述例子中，申渐高巧借话题，把“雨”拟人化，从而委婉地道出了“税收繁重，令人生畏”的意思，机智地讽谏烈祖减税，并取得了预期的效果。

三、夸张

夸张意即言过其实，是日常生活中常见的一种修辞手法。

里根竞选加州州长时，针对当时加州的经济情况，对物价上涨加以猛烈抨击，他说：“夫人们，你们都知道，最近当你们站在超级市场卖芦笋的柜台前，你们就会感到吃钞票比吃芦笋还便宜些。”

还有一次，他说：“你们还记得当初你们曾经认为没有什么东西可以代替美元吗？而今天美元却真的几乎代替不了什么东西了！”

四、讽喻

所谓讽喻，是用富有机智和幽默情趣并寄寓深刻哲理的虚构的故事，来阐明某种道理。有一个单位组织退休老干部乘大客车外出旅游，上车时你谦我让，耽误了不少时间。开车后，一位老同志朗声打趣道：

“我给大家讲个故事助兴：从前有一位妇女，怀孕10年才生下一对双胞胎。问这对双胞胎为何迟迟不肯面世，他们说，根据礼节，年长位尊者应该先行，但他们两个不知谁是兄长，就这样互相推让了10年，把妈妈生孩子的事给耽搁了。”

这番话引得车上的老干部们面面相觑，继而哄堂大笑。

五、仿拟

仿拟即故意模仿套用已有的固定语言形式来叙说的一种表达方式，主要特点是套用现有的词、句、篇等语言形式来揭示所描述事物的内在矛盾，创造出新的意境。

苏轼有位姓刘的朋友，因晚年患病，鬓发、眉毛尽皆脱落，鼻梁也快要断了。一天，苏轼同许多朋友相聚饮酒，这位姓刘的朋友建议大家各引古人语相戏。苏轼对这位姓刘的朋友说：“大风起兮眉飞扬，安得壮士兮守鼻梁。”满座大笑。

苏轼仿的是汉高祖刘邦《大风歌》“大风起兮云飞扬，威加海内兮归故乡。安得猛士兮守四方”的首尾两句，两相对照、趣味盎然。

六、反射

反射是现场套用对方的话语来戏谑、反驳对方，是一种语言回归，目的是以其人之道还治其人之身。

小约翰放学回来，把成绩单交给爸爸，爸爸一看有两门功课不及格，就冲着约翰怒气冲冲地喊道：“你知道吗？华盛顿像你这个年龄时是全校最优秀的学生。”

约翰不慌不忙地回答：“你知道吗？爸爸，像你这个年龄时华盛顿已经是美国总统了！”

第七章

讲话不鲁莽的公式：巧提建议

慎重说话 + 巧提建议 = 不鲁莽

日常交流中，每个人都想让别人接受自己的观点，接纳自己的建议。但并非你所有的观点别人都会认可和接受。主要原因在于你讲话的方式和方法。有人讲话不经大脑，想说什么就说什么。这样做的结果不仅起不到交流的作用、达不到讲话的目的，还会引起别人的反感。正确的做法是：迅速地想，慢慢地讲。把自己的想法在头脑里迅速过一遍，然后再以恰如其分的方式讲出来，就如一股暖流直入人的心田。

慎重表达：先把动机隐藏起来

当一个人关心你时，只要这份关心不伤害到自己，并且对方还提了一些善意的建议，你当然会欣然接受，对这个人产生好感。那么，反过来你对别人若也如此，别人也会同样对你产生好感。

满足他人自尊心最佳的方法就是善意的建议。对方是女性时，仅说“你的发型很美”，只不过是句单纯的赞美词；若是说“稍微剪短，看起来会更可爱”，对方定能感受到你对她的关心。若是能不断地表示出此种关心，对方对你必然更加亲切信任。

古希腊有个神话，说宙斯给潘多拉一个盒子，盒子里面装着这个世界所有的罪恶和苦难。宙斯告诉她绝对不能打开。潘多拉很好奇，越是不让打开，她就越想打开盒子，看看里面到底装了什么。结果她打开了盒子，放出了世界上所有的罪恶。

这种心理在现实生活中确实存在，越是禁止的东西，人们越感兴趣，越难得到的东西，也就越显得珍贵。为什么会有这种现象呢？心理学家认为：人类有一种探究的本能，遇事都想知道个究竟，以揭示其奥秘。就是这个本能激发了人们的好奇心，驱使人们去解开事物的真相。

利用这个道理，我们要劝说别人听从我们意见的时候，为了增强信息的影响力，就需要把劝说动机巧妙地“隐藏”起来，让被劝说者感到“意外”地获得了劝说的信息，这样更能有效地增加信息的可信度。

此外，如果你要人家遵照你的意思去做事，应该要用商量的口气。譬如说：“你看这样做好不好呢？”假使你要你的秘书写一封信，把大意讲了以后，要再问一下：“你看这样写是不是妥善？”看了要修改的地方，又说道：“如果这样写，你看怎样？”你虽然站在发号施令的角度，可是要懂得别人是不爱听命令的，所以不应当用命令的口气。

在一个盛夏的中午，一群工人在休息，一位监工走上去把大家臭骂一顿，工人们害怕监工，当然立刻站起来去工作了。可是当监工一走，他们便又停手了。如果那位监工上前和颜悦色地说道：“朋友，现在这些工作很要紧，我们忍耐一下来赶一赶好吗？我们早早赶好了，早早回去洗一个澡休息，怎么样？”工人们当然会一声不响地忍着暑热去工作。

另外一种情况是：听了对方说话之后，发现其中有一点自己不大同意，立刻就提出异议，而对方一听，就会以为自己的意见全被否定了，因此会很不高兴。在这种场合，我们一定要记得预先说明哪一点，或者哪几方面，自己是完全同意的，然后指出自己与对方意见不同的只限于某一点。这样，对方很容易地就接受了你的批评或修正，因为他知道双方对于主要部分的意见是完全一致的。即使你所不同意的地方是对方意见的主要方面，你最好仍能预先表达对方意见中你所同意的各点，即使它是最不重要的一点。无论你的意见和对方意见的距离多么远，冲突得多么厉害，我们都要表现出一切都可以商量，并且相信，无论怎样艰难，大家都可以得到比较接近的看法。

在改变人们的态度时，也可以根据逆反心理的特点，把某种劝说信息以不宜泄漏的方式表达给被劝说者，或者以不愿让人们多得的方式出现，就可能引起人们对这一信息的重视，使他们毫不怀疑地接受它。

有时候耳语也能起到这样的效果，喃喃细语是富有情趣的。你看恋人只有在很甜蜜的时候才会肩并肩地窃窃私语，吵架的时候绝不会如此。劝说他人也是如此。我国有个成语叫做“促膝长谈”，意思就是靠在一起说知心话。坐在一起面对面和风细雨地谈，比站着喊更能让人感到亲切。如果你说话的声音由于情感的融合而逐渐变小，那么心理的交流也就会逐渐顺畅，两个人的心沟通了，自然劝说也就容易起来。

提意见之前，先说对方的损失

人人都害怕损失。社会科学证实，人们面对同样数量的损失和收益时，能让他们产生更大的情绪波动的是损失。所以，我们在给别人提建议的时候，也要充分抓住对方这种心理。

一位资深的销售代表说，他常常用这一种方法促使销售成功，就是告诉客户，如果他（她）不购买产品的话，他（她）就会遇到怎样的麻烦或问题。或者，暗示客户可能丧失某种或某些利益。像很多商家开展的“限期促销活动”等，除了可以创造一种热烈的销售气氛之外，所谓的“限期”其实都在向客户传递一种“超过期限就不能享受如此优惠”的意义。而消费者也对商家有意无意传递的这种意义心知肚明，所以很多消费者都会选择在节假日或企业推出的促销活动期间进行“疯狂购物”，即使需要排队等待也乐此不疲。

加州大学的研究人员假扮电力公司员工做过调查。他们告诉一组用户，通过能源节约，每天能省50美分。另一组用户则被告知，如果不节约能源，每天将损失50美分。结果节约用电的住户中，后者比前者要多出三倍。注意到了吧，这个案例中的损失与收益是一样的，但以损失作诱因的方法却增加了三倍的说服力。

当你明白这一点后，你就不再会为别人不愿意帮你做项目的事苦恼了，当你在表示做这个项目是一个极好锻炼机会之后，还一定要让他知道，如果不加入的话，他会失去什么。

例如："小王，如果你不加入这个项目的话，你将错过一个和新锐技术打交道的难得机会。在这个部门里，你的价值很难得到进一步的提高。等到一代新人换旧人的时候，你的职位也岌岌可危，在公司没有地位，甚至会被解雇掉。现在工作这么难找，一旦失业，你的生活靠什么支持呢……"

相比，"小王，你要是加入这个项目，就有可能获得更多的业绩，收入会提高，也会有升职的希望……"如果你是听者，你会被哪一种说法打动？

美国有一位教授玛乔里·雪莱曾做过研究，发现在损失与收益可能性相同的情况下，公司的管理层也会因惧怕损失而做出决策。这就告诉你，如果你有一个一经采用就能为部门每年节省10万元的建议，那么，在向经理推荐此做法时，最好告诉经理若不采用会损失10万元，这样会更有说服力。

销售人员与客户进行沟通谈判时，也经常面临着客户的异议，因为客户一般不会主动购买，而是需要销售人员的说服。如何说服他们下定决心呢？也许任凭销售人员说尽产品的益处，客户也无动于衷。面对这种情况，销售人员必须改变策略，至少不要让自己的说服形式过于单调，而向客户提出"假如此时不购买我们的产品，您将会受到……损失"的暗示，就是一种打动客户的有效方式。

一项针对消费者的有趣调查显示：他们在购买某一产品时，往往是因为担心当时不购买的话，会丧失一部分应得的利益。这些担忧，有74%的消费者是从销售人员那里得来的。

我们在日常生活中，在向别人提出自己的想法或建议时，也应该巧妙利用有可能出现的损失作为诱因，借此抓住对方的心理，为自己的理由加大分量。

先扬后抑，不碰要点巧提建议

生活中为人求情、代人办事常常会遇到令人不满意的情况，可是只要你学会委婉的表达方法，旁敲侧击，往往能产生意料不到的效果。

春秋时期韩国修筑新城的城墙，规定了完工限期。大臣段乔负责主管此事。有一个县拖延了两天，段乔就逮捕了这个县的主管官员，将其囚禁起来。这个官员的儿子就找到管理疆界的官员子高，让子高去替父亲求情。子高答应了这件事。

一天，见了段乔后，子高并不直接提及释人的事，而是和段乔共同登上城墙，故意左右张望，然后说："这墙修得太漂亮了，真算得上是一件了不起的功劳。功劳这样大，并且整个工程结束后又未曾处罚过一个人，这确实让人敬佩不已。不过，我听说大人将一个县里主管工程的官员叫来审查，我看大可不必，整个工程修建得这样好，出现一点小小的纰漏是不足为奇的，又何必为一点小事影响您的功劳呢。"

段乔见子高如此评价他的工作，心中甚是高兴，然后又听子高的见解也在情理之中，于是便把那个官员放了。

那个官员之所以能够获免，原因大多在于子高的求情。子高把一顶高帽子给段乔带上，然后就事论题，深得要领，不能不令人拍案叫绝。其实，一般人都存在顺承心理和斥异心理，对那些合自己心意的就容易接受。因此，顺应事物的发展规律，巧言游说，便容易成功。

元朝至正年间，海宁一带水路不通，陆路运送军粮只能靠人力肩挑车载，而当地百姓又屡遭战乱，不宜再行征用。将军董抟霄向朝廷建议，改用士兵搬运军粮，但遭到朝廷一些大臣的反对，说国家历经战乱，兵力不足，军士疲惫，若再运送军粮，远途劳顿，势必削弱战斗力。

董抟霄说："军人搬运粮食，可用百里一日运粮之法。其方法是：每人距离10步，36人就是1里，360人就是10里，3600人就是100里。每人每次背米4斗，米用夹布口袋装好，封上印记，由一人传递给另一人，人不停走，米不着地。每人每天走500个来回，单人行程往返为28里，负重14里，空手轻行14里，每天可以运米200石。如果每人每天供应一升米的话，那么，这3600人运一天的粮食可供100里之外两万人吃一天。况且，单人行程每天仅28里，每次负重4斗仅行10步，往返劳中有逸，长队传递，类似游戏，绝无疲师之虞。"

朝廷采纳了这一建议，果然简便易行，效率很高。董抟霄提出士兵运送军粮时，遭到大臣反对，他将这一合理使用人力、提高劳动效率的运送方法，换算成具体数字，通过运筹巧排，化成生动的形象——排成百里长队的士兵，如游戏般地传递军粮的动人场面。其计算之精确，运筹之巧妙，使反对的大臣无法拒绝这一建议。董搏霄轻十步、重十步的百里一日运粮法的建议，终于被朝廷采纳。

20世纪70年代，在日本被誉为畅销书制作霸王的神吉先生，策划了一本以“读心术”为题的书，并约心理学家多湖辉来写。对于从未有过写书经验的多湖辉，这的确是一件难以办到的苦差事。可是神吉先生不理会这种顾虑，语气轻松地说：“怎么样？题目还不错吧？！马上动手写吧，300页稿纸左右就可以了，你一天写5页左右就行！”

奇怪的是，经他这么一说，先前还觉得很困难的多湖辉先生忽然感到肩上的负担轻多了，觉得两个月后交出底稿也并非不太现实。起初，一想起时间长达两个月，原稿长达300页，一种难以承担的重压感不免袭上心头。可经神吉先生“一天写5页”一讲，想想有时给杂志社赶稿时，一天能写十几、二十几页，所以顿时感到很轻松。实际一动手，才觉得一天5页的定额是够高了，不过既然已经答应下来了，就不能再往后拖了。

以对方的角度作为出发点，替对方考虑事件的可能性和可行性，让对方接受自己的建议，是种非常明智的做法。也更能给人以信任感，从而乐于采纳你的建议。

巧言进谏，让人从内心里接纳

在我们的周围，将不如卒、君不如臣的情况屡见不鲜，而能卒被庸将压制、扼杀的情况同样层出不穷。如果你是一位聪明的小卒，却遇到了一位无能的将领；又或者即使你的上司不是无能的将领，那他也不是万能的神，有些问题他也无法解决，这时你该怎么办？

作为一个有责任心的下属，在发现上司决策错误时从维护公司利益出发，应对其提出忠告和建议。但怎样向上司“进谏”，才能取得理想效果呢？

对于那些敢于直谏的下属，上司头疼的往往不是其所提的意见有多么的难接受，而是下属提意见的方式让他们受不了。

比如，这样的话，“经理，您刚才说的观点完全错误，我觉得事情应该这样处理……”或是“经理，您的做法，我不敢苟同，我认为应该……”你把上司的想法或做法一棒子打死，不用说他是你的领导，就是一般的同事、朋友都是很难接受的。你让上司脸上挂不住，上司自然对你心存芥蒂。你的意见被采纳的可能性就微乎其微了。

那么如何使上司愉快地接受你的建议呢？

1. 多献“可”，少加“否”

《左传·昭公二十年》云：“臣献其可以去其否。”意思是说，臣子对君王应建议用可行的去代替不该做的。在下属向上司“进谏”时多献“可”，少加“否”，包括两层含义：其一，要多从正面去阐发自己的观点；其二，要少从反面去否定和批驳上司的意见，甚至要通过迂回变通的办法有意回避与上司的意见产生正面冲突。

例如：你是一位公司的部门经理，根据业务的发展情况需要给你配一名专管业务的副手。这时你想提拔一位懂业务、有经验的下属担任此职，而上司却准备从其他部门派一名不懂这方面业务的外行人任职。在这种情况下，你可把话题多用在部门副经理应具备的条件和你所提人选已具备的条件上，而不应用在反驳上司所提候选人上。这样既可以避免与上司发生直接冲突，又能把话题保留在自己所提人选上。

2. 多“桌下”，少“桌面”

这里的“桌下”和“桌面”，分别指非正式场合和正式场合、私下交谈和当众交换意见。所谓“多‘桌下’，少‘桌面’”，就是说下属向上司提出忠告时，要多利用非正式场合，少使用正式场合；尽量与上司私下交谈，避免对上司公开提意见。这样做不仅能给自己留有回旋余地，即使提出意见出现失误，也不会有损自己在公众心目中的形象，而且有利于维护上司的个人尊严，不至于使上司陷入被动和难堪。

美国的罗宾森教授曾说过这样一段很有启示的话："人有时会很自然地改变自己的看法，但是如果有人当众说他错了，他会恼火，更加固执己见，甚至会全心全意地去维护自己的看法。这不是那种看法本身多么珍贵，而是他的自尊心受到了威胁。"罗宾森的话告诉我们，人人都有自尊心，人人都有维护自己尊严的本能。作为下属即使在向上司"进谏"时，也莫忘记维护上司的尊严。

3. 多"引水"，少"开渠"

卡耐基曾经说过："如果你仅仅提出建议，而让别人自己去得出结论，让他觉得这个想法是他自己的，这样不更聪明吗？"多"引水"，少"开渠"的意思是说对上司"进谏"不要直接去点破上司的错误所在或越俎代庖地替上司做出你所谓的正确决策，而是要用引导、试探、征询意见的方式，向上司讲明其决策、意见本身与实际情况不相符合，使上司在参考你所提出建议资料信息后，水到渠成地做出你想要说的正确决策。

许多实践也表明，人们对于自己得出的看法，往往比别人强加给他的看法更加坚信不疑。因此作为一个聪明的下属，要想使自己的看法变成上司的想法，在许多时候应仅仅做好引导工作，提出建议、提供资料，其中所蕴涵着的结论，最好留给上司自己去定夺。

利用权威的力量，更让人信服

人们总是喜欢附和比自己优秀的人，或是权威者的意见和判断，尤其是在不太认识的人或不懂的事物前，自己无法判断并下结论时，这种倾向更为明显。这就是心理学上所说的“威望功效”。

有一个心理学家曾做了这样一个实验：他让被实验的人听两种完全相同的音乐带，却告诉被实验者，其中一种知名度不高，另一种屡获评论家的推荐，听完之后，要被实验者说出哪种音乐带较好。结果发现，大多数被实验者的意见都与评论家的意见相同，他们纷纷表示，“两者比较起来，前者似乎毫无价值。”

很显然，这些被实验的人受到了很有名气的音乐评论家意见的影响。

既然“威望功效”的心态渗透到人们的日常生活中，那么我们在提建议的过程中，就不要遗忘了这一点的利用。例如，你如果想让上司接受你的意见，可以在表达意见后，附带地说，“总经理也是这么说的”。而在对孩子表达自己的想法时，能顺口说一个他所喜欢的运动员或电影明星作为榜样的话，一定会很有效。

对一个病人来说，如果有人劝说他服用某种药物，即使这个人再三证明这种药物有效，并且说了许多药理知识和道理，病人总还是不免心存疑虑的。但如果是一个有声望的医生告诉他，这种药物对他的病很有效。病人一定不会有所顾虑。

人们往往会被“伟大人物”的意见或判断所影响。在今天的社会里，无论发生什么事，报纸或电视都会出现评论家头衔的人的意见。研究表明，当对方听到强有力的、高度可靠的、权威性的材料时，他的固执己见的程度就会大大降低。因此，我们在说服别人时，有必要引用一些具有经典性的材料，以增强自己的说服力。

众所周知，法国是一个盛产葡萄酒的国家，外国的葡萄酒想打进法国市场是极其困难的。经过艰苦的努力后，我国的一位留法研究生李华帮助一家酒厂把中国的葡萄酒打入了法国市场，但是在商讨中国葡萄酒从香港出口的问题时却遇到了些波折。

当时的香港总督是英国人，他说：“按照香港法律规定，土酒要征80%的关税，洋酒要征300%的关税。中国的葡萄酒是洋酒，所以应征300%的关税。”

听了这话，李华暗自盘算一下，如果要交这么重的税，中国葡萄酒的利润将会受到严重损害。怎么办？他决定要在“土”与“洋”上下功夫。于是，他不紧不慢地吟出了一首唐诗：“‘葡萄美酒夜光杯，欲饮琵琶马上催。醉卧沙场君莫笑，古来征战几人回。’您可能听过这首唐诗吧？我们中国唐朝人就已经能产葡萄酒了。唐朝距今天已有1000多年了，那时中国没有像样的酒厂和大公司，只有酒作坊。也就是说，当时中国造出的葡萄美酒是比较纯粹的土酒，英国和美国生产葡萄酒的历史，恐怕要比中国晚好几个世纪吧？他产的才是真正的洋酒呢！”

一席话虽很客气、委婉，但却从理论根据上驳倒了英国人（香港总督）。后来，他只得承认中国葡萄酒是土酒，只收取了80%的关税。

李华准确地引用了一首唐诗，而且是脍炙人口的唐诗，证明了“中国葡萄酒是土酒”的这个观点。名诗、名言、名句都蕴含着较为丰富的文化内涵，大多被历史所认同。加之人们崇尚权威、崇尚名望的心理，很容易被引用的“经典”所折服。

因此，在说服别人接受你的建议时恰当地使用权威的力量，能很好地达到预期的目的。对方能打心里接受你的意见并进一步促成愉快的合作。

实战指南：应变五法

巧妙地随机应变，大致有如下五法：

一、故意出错法

故意出错法是成功说话的技巧之一。人们在说话交流时总是尽量避免出现差错，唯恐被人笑话。可是，在某些特定的情形下，故意地说错话却往往起到奇特的效果。恰到好处的“犯错”，既能避免尴尬又易被人接受，从而“将错就错”。

一家著名的酒店招聘经理，前来应聘的人很多，老板就出了一个测试题考他们：“有一天当你走进客人的房间，发现一女客正在裸浴。你应该怎么办？”众人都争相抢答。

有的说：“对不起，小姐，我不是故意的。”

有的说“小姐，我什么都没有看见。”

老板听后不停地摇头。这时，一个小伙子说了一句话，当场被录用了。他说：“对不起，先生！”

很明显，小伙子是非常机智的。他的回答紧紧抓住了客人的心理，客人明明是个女的，而他却故意说成了“先生”。既给客人挽回了面子，也让自己抽身而退。客人可能会认为这个经理没有看清她，所以内心难免会有窃喜之情。酒店老总要找的就是这种能抓住用户心理的人。小伙子被录用，当之无愧。

二、颠倒词序法

颠倒词序法既可以增强语言的表达效果，又能使交谈语言更加深刻。故意颠倒词序，可以使交谈朝着有利于自己的方向进行，从而营造和谐融洽的氛围。

有一次，萧伯纳访问上海，正赶上上海那几天天气阴晦。林语堂先生陪着萧伯纳在花园里散步时，天气开晴了，清凉的阳光照在二人的身上。林语堂说："萧先生，您福气真大，可以在上海看见太阳。"萧伯纳却说："不，是太阳的福气，可以在上海看见萧伯纳。"

三、诱导提问法

诱导提问，即通过吸引对方思考自己的问题，诱导其接受自己观点的一种方法。运用此法，有时即使对方有含而不露的观点，也有可能无意间流露出来。

孟子对齐宣王说："如果大王有一位大臣，将妻子儿女托付给朋友照顾，自己却到楚国去游历。等他回来时，他的妻子儿女却在受冻挨饿，对待这样的朋友，应该怎么办？"

齐宣王回答说："和他绝交。"

孟子说："如果司法官不能管理他的下属，那么对他怎么办？"

齐宣王说："罢免他。"

孟子又说："一个国家没有治理好，那么对他怎么办？"

此问一出，令齐宣王很难回答，他环顾四周，赶紧换别的话题以摆脱窘境。

孟子说话的高超之处在于，事先巧妙地预设两个问题作为铺垫，紧接着给齐宣王设置第三个问题，可谓绝妙。可以说，这种方法是一种非常锐利的讲话武器，运用得妙，会起到出奇不易的效果，会始终牵着对方的鼻子走，从而达到交谈的目的。

四、顺水推舟法

顺水推舟也是一种很好的应变之法。此法多用于应急之时，能有效地使人从困境中摆脱出来。但是，必须注意的是，一定要“推”得自然，用得巧妙，切不可牵强附会，以免弄巧成拙。

有位导游为8位日本客人当导游，当讲完“八仙过海”的故事后，一位日本客人问：“八仙过海漂到哪里去了呢？”这是一个难题，没有人考证过。导游一见眼前的这8位日本客人，灵机一动，说道：“我想，为发展中日两国人民的友谊，八仙过海东渡到日本去了吧！”众人一听，不禁高兴得笑了起来。导游的巧妙回答巧妙地把眼前的情景和巧合的数字，顺着客人的话头与中日两国人民的友谊，很自然地连了起来。

由此可见，顺水推舟的应变之术能够使人很好地摆脱困境。

五、谐音转换法

说话时，如果应时应景地采用谐音法，往往可以产生出人意料的神奇效果。

据说，清人郑板桥在潍县做县令时，曾逮捕过一个恶棍。这个恶棍的伯父和与郑板桥是同科进士的舅舅登门求情。席间，那个舅舅提出了行酒令，并随手拿起刻有“清”字的骨牌，一本正经地读道：“有水念作清，无水也念青，无水添心便念精。”郑板桥听罢连忙更正道：“无水添心当念情。”进士一听，心中大喜。

郑板桥灵机一动，大声说道：“酒精换心方讲情，此处自古当讲清，老郑身为七品，不认酒精但认清。”两人见状，只好告辞。

郑板桥妙用谐音，表明了他为官一身清、决不徇私情的态度。谐音之妙可见一斑。

第八章

讲话不伤人的公式：巧妙批评

巧妙批评 + 照顾面子 = 不伤人

如何说话不伤人？一位哲人说：“我们只有用放大镜来看自己的错误，而用相反的方法去对待别人的错误，才能对自己和别人的错误有一个比较公正的评价。”在批评别人的时候，首先应对自己与别人有一个正确的认识。同时换位思考，认清自己和别人的不足。“金无足赤，人无完人”。只要方法得当，再严厉的批评也会让人心悦诚服。我们的生活需要真诚的赞美，更需要善意的批评。二者缺一不可。

赞美式批评，更让人心悦诚服

指出别人的缺点，可能因与对方意思相违而伤害到对方，又可能因对方态度蛮横伤及自己。这时，需要用赞美的话语做中和剂，令对方反驳不是，发怒也不是，再加上批评得有理有据，可令其心悦诚服地接受。

首先，必须设想一个限度，否则你的忠告也许会适得其反。当你要指出别人的缺点时，必须先认识到人类的脆弱及不完美，且保持着自我反省的心态和与对方一同背负过失的谦虚态度，让对方发觉自己的缺点和错误。

其次，为了免于引起对方的逆反心理，必须要事先准备些称赞的话，在批评他人之前，先将这服“灵丹妙药”给对方服下，然后再转入正题。当对方因你指出的缺点而感到难过和难以接受时，表扬就起了很大的中和作用。

某部门经理有一天一大早见到他的一位女秘书，便夸她：“你昨天拟的那份报告很好，我很喜欢。”那位女秘书听了受宠若惊，很高兴。这位经理又不急不忙地接着说：“今后打字的时候多加注意，不要有错别字。”

这位经理的方法值得效仿。就像一种很苦的药丸，外面裹上糖衣，先让人感到甜味，容易一下子吞到肚里。如果经理直截了当地指出“以后注意错别字”，那位女秘书可能会觉得羞愧、难过，难以接受，或者还要争辩几句。这样，对秘书的规劝就失去了效果，还可能引起下属的不满，令双方不愉快。

良药未必苦口，批评也要讲究方法。不顾时间、地点、对方心理，直截了当、劈头盖脸地一阵冷言恶语，不仅达不到批评的目的，反而会适得其反。

玫琳·凯在《谈人的管理》一书中写道：

不要光批评而不赞美。这是我严格遵守的一个原则。不管你要批评的是什么，都必须找出对方的长处来赞美。批评前和批评后都要这么做。这就是我所谓的“三明治式”批评法——夹在两大赞美中的小批评。

即在批评别人时，先找出对方的长处赞美一番，然后再提出批评，而且力图使谈话在友好的气氛中进行，最后再使用一些赞扬的词语。这种两头赞扬、中间批评的方式，很像三明治这种中间夹馅的食品，故以此为名。

用这种方式处理问题，对方可能不会太难为情，减少了因被激怒而引起的冲突。这种方法在很多情况下也是比较有效的。其优点就在于由批评者讲对方的长处，起到了替对方辩护的作用。

从心理学的角度来分析批评行为时，人在本能上对批评有一种抵触心理。这也是认知不协调的一种表现。解决这种认知不协调的方法，就是批评者替对方进行辩解或创造条件使对方觉得无法辩解。

批评者首先赞扬对方，就是避免对方的误会，表明上级、同事对他所做工作的承认，使他知道批评是对具体事而不是对人的，自然也就放弃了用辩解来维护自尊心的做法。有些领导者不喜欢这种方式，认为先赞美再批评，是一种软弱的表现，领导者应该是强者的形象。在日益强调人的作用的今天，这种批评方法完全以领导者自居，以严厉维护威信，更不足取。

从“三明治策略”的表达形式看，“赞扬—批评—赞扬”，也是符合人的心理适应能力的。人们希望得到别人的赞赏，赞扬就应该在他的心里留下比较深的印象。两头赞扬就能起到这种作用。当批评者在诚恳而客观的赞扬之后再进行批评时，受批评者会因为赞扬首因效应的作用，而觉得批评不那么刺耳。其实，所谓人缘好的领导者都比较喜欢“三明治”式的批评方法。

比较典型的“三明治”式，就是像以下说法一样标准的三段论。

小张，这份工作报告写得很好，看来你下了一番工夫。思路很清楚，里面有几点写得比较精彩。要说不足，我看是不是把这几处改一下。这种说法不太妥当，言辞过于尖锐会刺伤别人的积极性。好，就这样。好好干，小伙子挺聪明，文笔很好，希望再接再厉。

这样说，小张听后会觉得领导对自己充满期望，不足的地方点得很清楚，合情合理。他就会尽最大努力去改正不妥当的地方。

有时，人们也会把“三明治”变成“双色糕”，让赞扬与批评交错出现，其目的也是维持听者的心理平衡。如果批评是三言两语便可结束，只需“三明治”即可，如果要分析，谈话时间较长，就应在大“三段论”中套上小“三段论”，时时谈起别人的优点，这样效果会好得多。

暗示式批评，给对方留足颜面

暗示式批评也称间接式批评或委婉式批评，一般采用借彼此的方法，声东击西，让被批评者有一个思考的余地。其特点是含蓄，不伤被批评者的自尊心。

有一次宴会上，一位肥胖出奇的夫人坐在身材瘦削的萧伯纳旁边，带着娇媚的笑容问大作家："亲爱的大作家，你知道防止肥胖有什么办法吗？"萧伯纳郑重地对她说："有一个办法我是知道的，但是我怎么想也无法把这个词翻译给你听，因为'干活'这个词对你来说是外国话呀！"

萧伯纳这种含蓄委婉、柔中带刚的批评方式，针对性极强。

总之，批评的方法应以教育为主，用事实教育人，用道理开导人，用后果提醒人，从而使对方诚心诚意地接受批评。

当你发现领导或长辈确实犯了错误，又不便直接指出时，借助含蓄语言可以起到暗示、劝导作用。

齐景公滥用酷刑，百姓怨声载道。晏婴一直想借机劝谏。一天，齐景公对晏婴说："先生的房子离集市太近，狭小潮湿，喧闹而多尘土，我想给你换一处好房。"晏婴推辞说："离集市近，也有好处，买什么东西出门就到，再说，怎么敢烦劳众乡里帮我盖房搬家呢？”景公笑了笑，道：“你离集市近，了解市价行情吗？”晏婴点点头。景公说：“那你说现在市场上什么东西贵，什么东西贱？”当时齐景公对百姓采用的酷刑是砍掉双腿，因此市场上卖假腿的很多。于是晏婴趁机说：“踊贵履贱。”意思是说市场上假腿需求量增大而不断涨价，而鞋却十分便宜。齐景公意识到自己的过错，从此免了砍腿的酷刑。

为防止产生误会，造成隔阂，也为了让对方接受建议，对一些特殊人物可采用婉言批评的技巧。

曹禺《日出》中方达生和陈白露有这样一段对话：

方：竹均，怎么你现在变成这样——

陈：这样什么？

方：呃，呃，这样地好客——这样地爽快。

陈：我原来不是很爽快么？

方：（不肯直接道破）哦，我不是，我不是这个意思……我说，你好像比从前大方得——

陈：我知道你心里是说我有点太随便，太不在乎，你大概有点疑心我很放荡，是不是？

在这段对话中，方达生本意是要批评陈白露“太随便”，但这样说怕伤了对方，而使用“好客”“爽快”“大方”等词语婉转地批评，使陈白露自然地警觉起来。这种婉言批评是一种正话反说，还有一种方法是先隐后现，即先引其亮出观点，而后提出事实，证明其观点错误，使其自我否定，达到教育目的。

当你不愿、不必或不需对一些错误言行进行直言批评时，运用含蓄的语言进行委婉、间接的批评，既可以给被批评者留面子，又能一语点透。永远要记住如果你不采用含蓄的语言进行委婉，间接的批评，而是严辞厉句地批评别人，也许你早就忘记了。可是，被你伤害的那个人却永远不会忘记。

中国人很看重“面子”问题，在同事、朋友间相互批评时也要注意这一点。生活中有不少人不是这样，常常无情地剥掉别人的面子，伤害了别人的自尊心，却又自以为是。其实，只要冷静地思考一下，对那些性格内向、爱面子或工作中偶有疏忽和性格敏感多疑的人，只需含蓄地表示一下这种批评意思，就能达到理想的目的。

查尔斯·史考勃有一次经过他的钢铁厂，当时正是午休时间，他看到几个工人正在抽烟，而在他们头上，正好有一块大招牌，上面清清楚楚地写道：“严禁吸烟。”史考勃没有指着“严禁吸烟”的牌子大声呵斥，而是朝那些人走过去，友好地递给他们几根雪茄，说：“诸位，如果你们能到外面去吸掉这些雪茄，那我真是感激不尽了。”大家一听，想到自己违反了厂里的规定，于是个个将烟头熄灭了。史考勃的批评是含蓄地表露出来的，而且充满了人情味，因此，这样的批评谁都愿意接受。

当你不能肯定自己的某些要求愿望是否合理，别人是否支持，或为顾及风度不便直言提出时，借助含蓄语言可以帮助你维护自尊，避免尴尬，取得成功。

免责式批评，更容易让人感动

富兰克林曾经提醒我们："当发怒和鲁莽开步前进的时候，悔恨也正踩着两者的足迹接踵而来。"

遇到不如意的事情就勃然大怒，只不过是宣泄自己的不满情绪而已，不会帮助自己解决问题，或是走出困境。

某企业的一个市场调查科科长，因为提供了错误的市场信息而造成了企业的重大损失。犯了这样严重的错误，毫无疑问，企业总经理可以不问理由地对他进行斥责，甚至撤职。

但是，这位怒上心头的总经理还是忍了忍，他想得先了解一下：到底是这位科长本身不称职而听信了错误信息呢，还是由于不可预料的原因导致的？

于是，这位经理压下了心中的怒火，只是心平气和地把科长叫来，叫他把判断失误的原因写一个报告交上来。

事情就这样拖了一段时间，几个月之后，这家公司因为这位市场调查科科长提供的信息极为准确而饱赚了一笔。

于是，总经理又叫人把那个科长请来，说："你上次的报告我看了，你们的工作做得不太细致，有一定责任，但主要是不可预测的意外原因造成的，因此公司决定免除对你的处罚，你也就不要把它再放在心上，只要以后吸取教训就行了。这一次，你做得不错，为公司提供了重要信息，我们仍然一样地表扬你。”

说完之后，总经理随即从办公桌里拿出一个红包递给他，这个科长接过来时，不禁眼眶泛红。

因此，千万要切记，在开口批评人之前，一定要了解事实，在心里问一下自己：“我不会搞错吗？”

否则，乱指责人，不仅落了个乱骂人的坏名声，事后还得向下属赔礼道歉。

然而，就算是你能放下架子，坦率地向下属说：“对不起，是我弄错了。”下属所受的伤害和内心对你的憎恶，却很难一下子就冰释。

如果你了解这个错误确实是下属犯的，也还要进一步调查和思考：这个下属该承担多大的责任？错误的原因是不可避免的，是一时的疏忽，还是责任心不强，甚至是明知故犯？

因此，你一定要管好自己的口，要牢记一句话：“没有调查就没有发言权。”见到问题时，先别忙着发怒和批评人，而是去了解情况。

这样一来，主动权就操纵在你的手里，你想在什么时候、采取什么方式对他进行批评，完全由你决定。

无论是哪种批评方式，被批评者心里都会产生或多或少的不适。这个时候，批评后的安抚就显得格外重要。

一般来讲，批评者多是长辈或领导。而身为领导者，批评下属的过失是一件很正常的事情。我们在注意自己批评方式的同时，不要忘记批评之后还要及时地安慰下属。这是身为一名成功的领导者应该具备的素质。

人与人之间，不论地位尊卑，人格是平等的。领导在批评下属时，不论批评得怎样高明，总是要伤人的，只是伤人有轻有重而已。

因此，发火伤人后，需要做及时的善后处理，即进行感情补偿。妥当的善后要选时机、看火候。过早，对方火气正盛，效果不佳；过晚则对方郁积已久的感情不好解开。因而，宜选择对方略为消气、情绪开始回复的时候为佳。

正确的善后，要视不同对象采用不同的方法，有人性格大大咧咧，是个粗人，领导发火他也不会往心里去，故善后工作只需三言两语，象征性地表示就能解决问题；有的人心细明理，领导发火他也能谅解，则不需下大功夫去善后；而有的人死要面子，对领导向他发火会耿耿于怀，甚至刻骨铭心，则需要善后工作细致而诚恳，对这种人要好言安抚，并在以后寻机通过表扬等方式予以弥补；还有的人量小气盛，则不妨使善后拖延进行，以天长日久见人心的方式去逐渐感化他。

艺术地善后还应体现出明暗相济的特点。所谓“明”是领导人亲自登门进行谈心、解释甚至“道歉”，对方有了面子，一般都会顺势和解。所谓“暗”是指对器量小者发火过了头，单纯面谈也不易挽回时，便采用“拐弯抹角”或“借东风”法。例如，在其他场合，故意对第三者讲他的好话，并适当说些自责之言，使这种善后语言间接传入他的耳中。这种背后好言很容易使他被打动、被感化。

另外，也可以在他困难时暗中帮忙。这些非当面的表示，待他明白真相后，会对领导由衷感激。

激励式批评，让他人主动认错

一位哲人说过："我们只有用放大镜来看自己的错误，而用相反的方法去对待别人的错误，才能对自己和别人的错误有一个比较公正的评价。"

在领导的工作中，批评也是一种必要的强化手段。它与表扬是相辅相成的。作为领导者，应该尽量减少批评所产生的副作用，减少人们对批评的抵触情绪，以达到较理想的批评效果。在批评别人的时候，首先应该对自己与别人都有一个正确的认识。要想到自己应承担的责任，想到自己的不足。同时，以理解的态度去看待对方的过失，考虑一下自己在同等条件下是否也会出现过失，不要以一贯正确的口吻去批评别人。尤其是自己也确有或大或小的失误时，自我批评更应该诚恳。

用激励代替批评，是史金纳教学的基本观点。这位伟大的心理学家以动物和人的实验来证明：当减少批评，多多激励对方时，人所做的好事会增加，而比较不好的事会因受忽视而逐渐萎缩。

许多年以前，一个10岁的小男孩在工厂里做工。他一直喜欢唱歌，梦想当一名歌星。但他的第一位老师不但没给他鼓励，反而使他泄气。他说：“你不适宜唱歌，你根本五音不全，简直就像风在吹百叶窗一样。”

但他的母亲，一位穷苦的农妇却不以为然。她搂着自己的孩子，激励他说：“孩子，你能唱歌，你一定能把歌唱好。瞧你现在已经有了很大进步。”她节省下每一分钱，给她的儿子用来上音乐课。这位母亲的嘉许，给了孩子无穷的力量，也从此改变了他的一生。他的名字叫恩瑞哥·卡罗素，那个时代最伟大、最知名的歌剧演唱家。

假若在这个小男孩的童年，没有母亲的激励与赞许，只有那位老师的无情打击，这个世界上也许就失去了一位著名的歌剧家。

生活中，少一分指责，多一点嘉许，不仅令事情做起来得心应手，也给予对方愉悦的心情，何乐而不为呢？

我们不应当怀着自己的私心或对事物不感兴趣，就对他人的行为采取贬低或批评的态度。没有爱迪生母亲对儿子孵鸡蛋行为的肯定与赞许，也许爱迪生就没有后来的辉煌成就。也许就是那一句微不足道的激励，给了那些需要动力的人无穷的力量，给那些身处逆境的人奋斗的信心。谁又能小视它呢？

以“经营之神”闻名的松下幸之助，因用人的技巧而闻名于世。他批评部下的方式也非常巧妙。

一位在松下公司供职很久的干部，即三洋电机前副董事长后藤清一先生。据他说，某次他犯了一桩小错误而惹怒了松下先生，当他进入松下的办公室，只见松下气急败坏地拿起一只火钳死命往桌面拍击。而此时的后藤先生自然是被骂得十分不是滋味，正欲悻悻地离去时，突闻松下先生说道："等等！刚才因为我太过于生气，不小心将这把火钳弄弯了，所以麻烦你费点力把它弄直，好吗？"

后藤在无奈下只好拿了把铁锤拼命地敲打，而他的心情也随着这敲打声而渐趋平稳，当他将敲直了的火钳交给松下先生时，他看了看便说："嗯！比原来的还好，你真不错！"然后就高兴地笑着。

责骂过后，反以题外话来称赞对方的方式，是值得我们赞赏的，但是更精彩的还在后头呢！原来事情发生后不久，松下便悄悄地拨通了电话给后藤的妻子说："今天你先生回去时，可能脸色会很难看，希望你能好好地照顾他。"

责骂归责骂，只是责骂后必须使他了解"此一责骂并不表示对你失去信赖感"，松下的赞言和笑容就是如此。下意识地用间接方式再透露些有关情报给第三者，更是他独到的技巧。因为他知道这位第三者必定能将这些"情报"透露给他，他自然会想到"原来董事长对我是爱之深，责之切"。如此不但不会令他反感，反而更为感激，更愿意为他效命。所以说，责骂是必要的，责骂后的处理方式也很重要。

在《孩子，我并不完美，这只是真实的我》这本书里，著名心理学家杰丝·雷耳评论道："激励对温暖人类的灵魂而言，就像阳光一样，没有它，我们就无法成长开花。但是我们大多数的人，只是善于躲避别人的冷言冷语，而我们自己则吝于把激励的温暖阳光给予别人。”

那么，身为领导，在看完上面这些话之后，就别吝啬你的那份阳光，让它普照周围的每一个人吧！

场合式批评，更容易被人接受

有的人在批评别人时不分时间，不分地点，劈头盖脸就是一顿批。殊不知，这样的批评不仅起不到预期的效果，很可能适得其反。因此，批评人也要注意场合。

不注意场合随意批评人的领导者，不仅会伤了下属的面子和自尊心，也会坏了自己的形象和威信。

批评下属一定要注意场合，而且不能像泼妇骂街。因为，大部分人都不愿意看到上司斥责部属，不愿看到自己的同事被责骂。当然，有的人会幸灾乐祸，但大部分的人会站在被责骂者一边。

比如，有的人喜欢在众人面前斥责下属，并不是因为出于气愤，而是想经由这种方式向上级、客户或其他部属表明这不是他的错，而是某个下属做事不力造成的。事实上，这种做法也是幼稚的。

一是，你既然身为一个部门的领导，就得对这个部门的所有事务负起责任。如果你一味强调自己不知情，只会使你在掩饰的同时，暴露出你的另一面缺失，那就是你管理不力，或你所主持制订的管理规则不健全。更重要的是，你的这种推卸责任的行为，会让其他部属看了心寒，他们会觉得你是一个自私、狭隘、没有气量的上司。

二是，如果一出了问题，你就把责任往下属身上推，拿下属做挡箭牌，那么，毫无疑问，这个下属从此就有可能对任何工作都不再热心。而且，他还会在心里想着："好啊，这次你拿我当替死鬼，那我们骑驴看唱本——走着瞧吧！"

更要命的是，如果你的下属是一个脾气暴躁的急性子，他也许当场就和你针锋相对，大吵起来。这时，他也许会把你一些见不得人的黑幕抖出来，然后扬长而去。当着那么多旁观者，谁的处境最尴尬？最终还不是你丢面子。

因此，在发生问题的时候，即使你确定是下属犯的错误，也应该把他喊到办公室，在没有第三者的情况下进行批评。

此外，在批评别人的时候要格外注意说话时的分量。

语言的分量是由词义和态度两个主要因素构成的。词义是指语言的本意，态度是指表达时所持的表情和情绪。比如，主持会议的领导，要批评下级人员的工作差错或较大的失误，这里就有个分量问题。如果是个别的、一般性的差错，而批评的分量过重，未免有小题大做之嫌。本人不服气，大家也不满意。如果是较大失误，而批评分量过轻，既达不到教育本人的目的，又给大家一种袒护当事人、文过饰非之感，不能使闻者足戒。这也是"度"的一种要求。

当然，如果在批评别人之前不做具体深入的分析，不做到以理服人，而是无限上纲、乱扯一通，那么，批评也不会起到很好的效果。因此，根据问题的性质、程度，在讲的时候，就有一个轻重之间怎样才算适宜的分寸问题。

分寸是衡量语言分量的尺度。要把握好分寸，一是注意词意上的细微差别，尤其是同义词、近义词之间的细微差别。二是注意态度和语调的区别，这种分寸也是会影响到分量的。指出问题的严重性，进行严肃的批评，不一定非要高门大嗓、声色俱厉不可。语言尖刻，态度粗暴，甚至出口伤人，以挖苦、讽刺、嘲笑人为快事，必定造成对方的反感和抵触，不利于问题的解决，也不利于团结。

因此，批评时不仅要注意场合，更要讲究用语的分寸。

实战指南：批评三忌

人非圣贤，孰能无过？在日常工作之中，下属的工作常常会出现某些偏差和错误。从哲学的高度而言，各种主客观原因的存在使得错误难以完全避免。问题的关键在于，出现错误并不可怕，但必须及时加以改正。

但是囿于外部条件的限制，下属自身往往难以觉察到这些错误，这时领导就必须及时提出批评，来拨正航向，纠正偏差，保证工作目标的顺利实现。

领导适时而恰当批评下级不仅是必要的，而且也是很重要的。那种毫无原则，恣意放纵下属的做法，与科学的领导方法是背道而驰的。但是，与赞扬下级时一样，如何把批评的话说得有水平，既达到效果又避免矛盾的激化，就是我们所要面对的问题。

一、忌恶语伤人

无论任何团体，当员工犯下不可原谅的错误时，作为领导无可避免地要对其加以斥责。但是每个人都有自尊心，批评应是在平等的基础上进行的，态度上的严厉不等于言语上的恶毒，切记只有无能的领导才去揭人疮疤。因为这种做法除了勾起一些不愉快的回忆外，于事无补，而且除了使被批评者寒心外，旁观的人也一定会不舒服。因疮疤人人都有，只是大小不同，见到同事的惨状，只要不是幸灾乐祸的人，都会有“兔死狐悲，物伤其类”的感觉。更何况，批评的目的是搞清问题，而不是搞臭下级。而且恰当的批评语言，还牵涉到一个领导的心胸和修养问题，绝不能以审判官自居，恶语相向，不分轻重。

二、忌捕风捉影

“闻过而喜”是中国的一句古训，但并不是每个人都能愉快地接受别人的批评。上级批评下级，要使下级心悦诚服，并使下级感受不到上级用权压人、以势压人之感，很重要的一条就是要做到实事求是。在批评之前先考虑一下有几分的事实根据，这是比批评的态度和方法更为基本的东西。如果事先调查不够，事实真相与得到的情况有差异，被批评者就难以接受；如果有人提供了假情况，打“小报告”，领导者以此为据，大加批评，那就更难以服人了。所以，上级批评下级，责任要分清，事实要准确，原因要查明。从实际出发，弄清事情的本来面目，找出问题的原因，恰当地分清责任，这样的批评有理有据，既不夸大，又不失察，下级当然口服心服了。所以，上级批评和否定下级，必须以事实为依据，以政策为准绳，不能随心所欲，更不能以感情代替原则。这就要求领导者必须心胸豁达，最忌讳神经过敏、疑神疑鬼、听信流言、无中生有。

三、忌喋喋不休

批评的质量与其数量之间，并不存在正比的关系，有效的批评往往能一针见血地指出问题的实质，使下属心悦诚服，而絮絮叨叨的指责却会增加下属的逆反心理，而且即使他能接受，也会因为你缺乏重点的语言而抓不住错误的症结。

而严重的是，有些领导似乎就是喜欢“痛打落水狗”，下属越是认错，他咆哮得越厉害。这样的谈话进行后会是什么结果呢？一种可能是被批评者垂头丧气，另一种可能则是挨骂下属，认为自己已经认了错，领导还要抓住不放，实在太过分了。这时性格怯懦者会因此丧失信心，较刚强者则说不定会十分愤怒。显然，领导这么做是不明智的。

周恩来和著名戏剧家曹禺是很好的朋友，新中国成立后不久，曹禺等负责一次宴会的组织工作，由于缺乏经验，致使客人来了半个多小时才得以入座。周恩来也静静地等待了半个多小时才得以入座。会后，周恩来问及原因，曹禺脱口而出：“这件事不是我办的。”周恩来听了严肃地说：“革命工作分什么你我，出了问题应当大家承当，大家负责任。”短短的一句话，既使曹禺认识了错误，又没有使曹禺等人过于难堪，这种简洁有效的批评方式很值得学习。